高等职业教育汽车类专业新型活页工作手册式系列教材

系列教材主编：戚文革　邹玉清

二手车鉴定与评估
教学工作页

王　鑫　侯晓利◎编著

中国铁道出版社有限公司
CHINA RAILWAY PUBLISHING HOUSE CO., LTD.

内容简介

本教学工作页是为贯彻国务院印发的《国家职业教育改革实施方案》（简称“职教20条”）文件精神，落实“新型活页式、工作手册式”职业教育教材的要求而编写。本教学工作页系与教材《二手车鉴定与评估》（ISBN 978-7-113-28536-4）配套开发，共六个项目，包括评估准备、判别碰撞事故车、鉴别车辆动态技术状况、检测车辆主要技术性能、评估价值和撰写鉴定评估报告。每个项目均包含项目任务单、项目导入和项目实施三部分内容。

本教学工作页的特点有：以“做事”的职业行动作为认知起点；使用多样化、可视化表达方式；设计实施“微组织”环节；多环节、多形式的“专业+思政+创新”有机融合；增加了典型案例和新知识、新工艺。

本教学工作页为校企行合作开发，充分融入职业要素，适合作为高等职业院校和其他职业学校汽车类相关专业的教材，也可作为有关人员的岗位培训教材。

图书在版编目（CIP）数据

二手车鉴定与评估教学工作页/王鑫，侯晓利编著. —北京：中国铁道出版社有限公司，2022.5

高等职业教育汽车类专业新型活页工作手册式系列教材

ISBN 978-7-113-29231-7

Ⅰ. ①二… Ⅱ. ①王…②侯… Ⅲ. ①汽车-鉴定-高等职业教育-教材②汽车-价格评估-高等职业教育-教材 Ⅳ. ①U472.9②F766

中国版本图书馆CIP数据核字（2022）第098909号

书　　名：二手车鉴定与评估教学工作页
ERSHOUCHE JIANDING YU PINGGU JIAOXUE GONGZUOYE
作　　者：王　鑫　侯晓利

策　　划：尹　鹏　何红艳　　**编辑部电话：**（010）63560043
责任编辑：何红艳
封面设计：刘　颖
责任校对：孙　玫
责任印制：樊启鹏

出版发行：中国铁道出版社有限公司（100054，北京市西城区右安门西街8号）
网　　址：http://www.tdpress.com/51eds/
印　　刷：北京联兴盛业印刷股份有限公司
版　　次：2022年5月第1版　2022年5月第1次印刷
开　　本：787 mm×1092 mm 1/16　**印张：**8.75　**字数：**230千
书　　号：ISBN 978-7-113-29231-7
定　　价：35.00元

序

职业教育的本质是“学习如何工作”的教育，即培养学生具备与工作任务相匹配的职业能力。职业能力遵循新手—生手—熟手—专家/高手的成长规律，如何在职业教育中实施符合职业能力成长规律的落地措施，是职业教育教学设计的首要原则。

本书的教学内容设计是在微组织教学模式“教与学”的行动逻辑指导下完成的。微组织教学模式是行动导向教学具体实施中运用的一个具体化方法，由教学情境导入、任务发布、任务实施、检查纠错、结果评价五个环节构成，其本质特征是针对问题，师生之间建立即时反馈系统。要求教师要具有对问题察之入微的敏感性，针对每个问题做出“即时反馈”。微组织教学模式实施过程中要求对任何一个知识点、技能点均做到“一点一讲一练一确认”。

教学工作页是微组织教学模式实施工具，是教师“教”与学生“学”的引导性教学文件，是学生思维过程、学习过程、学习结果可视化表达与老师即时反馈的载体。

教学工作页设计实现了以下四点创新：

一、以“做事”的行动作为认知起点

以“做事”的行动作为认知起点，建构基于“做事”的行动体系认知结构，而非学科知识体系认知结构，以与学生行动能力相匹配的“做事”的显性行动单元作为教学设计起点。

二、学习过程可视化设计表达

根据学习内容选择多样化的可视化表达方式，可视化设计包括两个方面：一是学生的学习思维过程和学习结果老师要看得见；二是老师的即时反馈学生要看得见，对学习过程与学习结果是否符合要求老师要作出即时反馈意见，反馈意见学生要看得见。

三、教学过程“教与学”即时反馈

学习过程可视化呈现，为建立个性化“教与学”即时反馈创造了前提条件，即时反馈为学生学习偏差及时提供“支架”，赋能“成功学习”，激发内模拟机制，实现班级集体授课制条件下的因材施教。

四、实现“知识、能力、素养”一体化成长

任何一个学习行动都是“知识、能力、素养”构成的“复合体”，在行动中理解掌握行动赖以发生的“知识”，在行动中积淀提升完成行动的“能力”，在行动中规塑做事做人的“素养”，一个行动能够“达标完成”所涉及的“知识、能力、素养”一个也不能少，在行动全过程所有节点与最终成果所涉及的“知识、能力、素养”都进行可视化呈现，依据“合格标准”进行即时反馈、纠正、刻意训练，直到正确为止，从而实现了对学习过程、学习结果全程“贯标”确认。

自 2016 年起，吉林电子信息职业技术学院在汽车专业群、机械专业群启动了面向教育对象的提升教学育人有效性教学改革，教学工作页的创建与应用是教学改革标志性成果之一，催生了教学育人有效性显著提升的课堂革命。

希望本书能够为高等职业教育汽车类专业课程教学设计提供借鉴。

戚文革

2022 年 2 月

前言

本教学工作页是为贯彻国务院印发的“职教20条”文件精神，落实“新型活页式、工作手册式”职业教育教材的要求而编写。本教学工作页系与教材《二手车鉴定与评估》（ISBN 978-7-113-28536-4）配套开发，共六个项目，包括评估准备、判别碰撞事故车、鉴别车辆动态技术状况、检测车辆主要技术性能、评估价值和撰写鉴定评估报告。每个项目均包含项目任务单、项目导入和项目实施三部分内容。

本教学工作页具有以下特点：

1. 以“做事”的职业行动作为认知起点，突出职业能力培养

将项目中每个任务的工作内容序化为工作准备、鉴定、评估和撰写报告等完整的工作过程，在工作过程中认知二手车鉴定评估流程、技术标准和工作要求等职业知识，即按照“实践—认识—再实践—再认识”认识总的发展规律，以“做事”的职业行动作为认知起点，在完成职业活动（包含职业行动和职业知识）过程中不断积淀职业能力，突出职业能力培养。

2. 使用多样化可视化表达方式和“即时反馈”，实现了因材施教

根据学习内容选择了鱼骨图、金字塔图、圆圈图、树形图、流程图、复流程图、列表及方框等多样化的学生学习过程可视化表达方式；学习过程可视化设计为即时反馈奠定了基础，教学过程针对问题“时时、事事、人人”的即时反馈，实现了班级集体授课制条件下的因材施教。

3. 设计实施“微组织”环节，实现“知识、能力、素养”一体化成长

每个行动都设计了“微组织：老师检查纠错，学生改正错误”环节。在教学过程中老师依据“合格标准”，采用检查纠错方式，对每个行动所涉及的“知识、能力、素养”进行即时反馈、纠正、刻意训练，学生在不断地改正错误直到正确为止的过程中，实现了“知识、能力、素养”一体化成长。

4. 多环节多形式的“专业＋思政＋创新”有机融合，实现“思创”培养目标

在项目导入中，保持与教材《二手车鉴定与评估》（ISBN 978-7-113-28536-4）一致的红旗车型为鉴定类型，结合每个项目的专业性，凭借着“忠诚、自强、学习、创新”

的红旗精神和坚定信念，使红旗发动机技术逐步进入到世界一流行列，达到国际领先水平；本教学工作页使用全过程要求用铅笔按照规定字的大小书写在精心设计的方框、图表中，培养学生诚信做人、实事求是的匠人精神。通过以上多环节多形式的“专业＋思政＋创新”有机融合，实现在专业教育中突出“人的底色”与创新素质的培养目标。

5. 典型案例增加启示性经验性知识，新知识新工艺增强时效性

每个任务后面都设置了两个在检修过程中引发的真实复杂的故障案例，使学生受到启示，得以借鉴。

6. 校企行合作开发，充分融入职业要素

本教学工作页由吉林电子信息职业技术学院王鑫、内蒙古交通职业技术学院侯晓利编著。

青岛黄海学院机动车鉴定评估研究中心主任、高级二手车鉴定评估师、中国汽车流通协会二手车鉴定评估培训师、全国汽车后市场商会特聘讲师、全国大学生二手车鉴定评估师大赛裁判、全国职业技能考评员、山东中车检机动车检测鉴定评估校企合作人才培养基地负责人、青岛市二手车行业协会特聘专家蔡东岭提供了案例；吉林电子信息职业技术学院教授戚文革提供了思政和创新元素；内蒙古交通职业技术学院汽车工程学院隋礼辉教授提供了宝贵意见和建议。对在编著过程中给予大力支持的各位老师，在此表示衷心的感谢！

本教学工作页由蔡东岭审稿，他对全书进行了认真细致的审阅，并提出了宝贵的意见和建议，在此表示衷心的感谢！

由于编著者水平有限，书中难免有疏漏之处，恳请广大读者批评指正。

编著者

2022年2月

目 录

项目一　评估准备

项目任务单

项目描述	完成2018款红旗H5智联享动车型二手车辆鉴定评估前的准备
项目要求	符合国家二手车鉴定评估技术规范，完成2018款红旗H5智联享动车型鉴定评估操作前准备。 （1）洽谈业务； （2）核查证件和税费； （3）签订二手车鉴定评估委托书； （4）拟定鉴定评估作业方案
学习目标	（1）能够准确地说出二手车鉴定评估业务洽谈内容； （2）能够准确地描述二手车相关证件、税费凭证核查方法； （3）能够准确地说出二手车鉴定评估委托书填写内容； （4）能够准确地说出车辆评估作业方案拟定内容； （5）能够规范地询问客户及车辆信息； （6）能够规范地填写客户信息登记表及二手车辆信息登记表； （7）能够准确核查二手车相关证件和税费； （8）能够规范地与客户签订二手车鉴定评估委托书； （9）能够根据客户需求正确地拟定车辆评估作业方案； （10）能够养成自觉遵守岗位职责和要求规定、规范行为、安全、环保、“5S”作业、团结协作的好习惯； （11）能够养成劳动光荣、创造伟大的正确思维和创新意识
项目载体	早晨天气晴好，吉林市吉检机动车鉴定评估机构前台接待李响刚打开大门，车主张先生就将2018款红旗H5停到了停车场，进店咨询车辆鉴定评估事宜，张先生告知李响自己购买的是一辆二手车，现在想要对车辆进行鉴定，李响向张先生推荐了鉴定评估师杨帆，杨帆将张先生引入洽谈区。 
计划学时	16~20学时

工作页	上课地点		学生姓名		完成 / 未完成
	任课教师		上课时间		优 / 良 / 中 / 及格

项目导入

一、想一想

张先生坐到洽谈区后，告知鉴定评估师杨帆，当初为避免在二手车市场购买到价格昂贵且车况没有保障的车辆，张先生在微信朋友圈寻找个人卖家的车辆，于是购买到了这台 2018 款红旗 H5，并表示车辆价格低于市场价。张先生付全款给卖家，卖家将车辆及车辆证件税费均交给了张先生，但是车辆至今未过户，张先生现在想对车辆进行评估鉴定，看看车辆是否有问题。

请思考：案例中存在与二手车鉴定评估相关的哪些问题？请用铅笔认真地写在下面方格内。

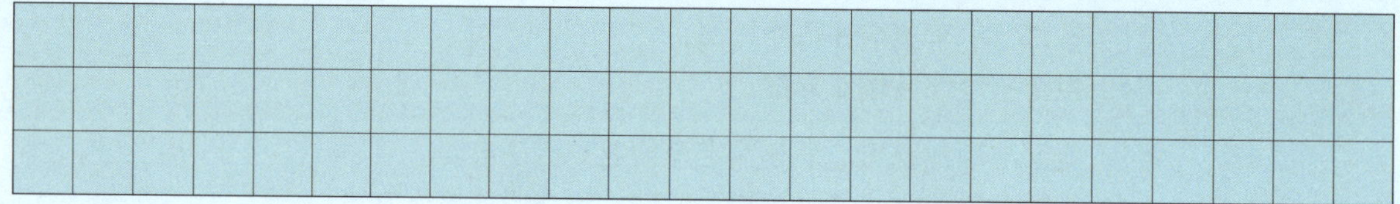

微组织 1：老师检查纠错，学生改正错误。微评价：☆☆☆☆☆

二、写一写

请认真翻阅《二手车鉴定评估技术规范》，并查询鉴定评估师杨帆在对张先生的车辆进行鉴定前需要做哪些评估准备，并填写在下图中。

评估准备工作流程

微组织 2：老师检查纠错，学生改正错误。微评价：☆☆☆☆☆

三、职业标准与岗位要求

请大声说出职业标准与岗位要求，同时进行自检和互检。若已完成，请用铅笔在方框内打“√”。

☐ 遵纪守法，廉洁自律。

☐ 客观独立，公正科学。

☐ 诚实守信，规范服务。

☐ 客户至上，保守秘密。

☐ 团队合作，锐意进取。

☐ 操作规范，保证安全。

☐ 进入工作场地，工装穿着整洁，佩戴工牌。

☐ 进入工作场地后，严禁摆弄与本次工作无关的设备和工具，严禁嬉戏打闹。

微组织 3：老师检查纠错，学生改正错误。微评价：☆☆☆☆☆

项目实施

任务一　洽谈业务

流程一　工作准备

请说出工作准备项目与内容，对照表 1-1-1 核对检查，若已准备好，请用铅笔在相应项目内容后的方框里画上“√”；若有遗漏，请补充后画上“√”。

表 1-1-1　洽谈业务工作准备情况检查表

项目	内容
工作地点	二手车鉴定评估洽谈区□
工作设施	计算机□ 洽谈桌□ 座椅□
工作用品	客户信息登记表□ 二手车辆信息登记表□ 文件夹□ 写字板□ 签字笔□

微组织 1：老师检查纠错，学生改正错误。微评价：☆☆☆☆☆

流程二　登记客户信息

1. 请观看老师询问客户信息情景演练，结合老师讲解、查阅教材及观看相关视频，并将情景演练中将要询问到的问题填写到客户信息询问工作计划表中，见表 1-1-2。

表 1-1-2　客户信息询问工作计划表

序号	内容	备注
1		
2		
3		
4		
5		
6		
7		
8		

微组织 2：老师检查纠错，学生改正错误。微评价：☆☆☆☆☆

2. 请两人一组模仿老师的情景演练，并将询问到的客户信息填写在客户信息登记表中，见表 1-1-3。

表 1-1-3　客户信息登记表

客户信息登记表 年　月　日					
客户姓名		联系电话		QQ/ 微信	
品牌		车型		年款	
备注					

微组织 3：老师检查纠错，学生改正错误。微评价：☆☆☆☆☆

3. 请总结实施情景演练工作过程中存在的问题，将问题填写在登记客户信息问题汇总简析表，并对产生原因进行简要分析（简析），见表 1-1-4。

表 1-1-4　登记客户信息问题汇总简析表

序号	问题	简析
1		
2		
3		

微组织 4：老师检查纠错，学生改正错误。微评价：☆☆☆☆☆

4. 请结合情景演练过程及教材，在方框内写出业务洽谈原则的内容，并在横线上写出原则，见图 1-1-1。

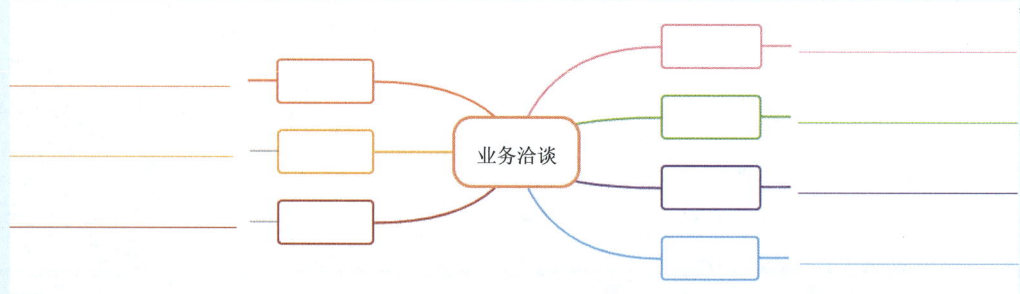

图 1-1-1　业务洽谈原则

微组织 5：老师检查纠错，学生改正错误。微评价：☆☆☆☆☆

流程三　登记二手车车辆信息

1. 请观看老师询问二手车车辆信息情景演练，结合老师讲解、查阅教材及观看相关视频，并将情景演练中将要询问的问题填写到二手车辆信息询问工作计划表中，见表 1-1-5。

表 1-1-5　二手车辆信息询问工作计划表

序号	内容	备注
1		
2		
3		
4		
5		
6		
7		

微组织 6：老师检查纠错，学生改正错误。微评价：☆☆☆☆☆

2. 请两人一组模仿老师的情景演练，纠正询问客户信息演练中存在的问题，并将询问到的二手车辆信息填写在二手车辆信息登记表中，见表 1-1-6。

表 1-1-6　二手车辆信息登记表

<table>
<tr><th colspan="3">二手车辆信息登记表
年　月　日</th></tr>
<tr><td>车主单位（或个人）</td><td colspan="2"></td></tr>
<tr><td>评估目的</td><td colspan="2">□交易　□典当　□拍卖　□置换
□抵押　□担保　□咨询　□司法裁决</td></tr>
<tr><td>类别</td><td colspan="2">□乘用车　□商用车</td></tr>
<tr><td rowspan="7">车辆信息</td><td>车辆品牌</td><td></td></tr>
<tr><td>型号</td><td></td></tr>
<tr><td>生产厂家</td><td></td></tr>
<tr><td>使用燃料种类</td><td>□汽油 □柴油 □天然气
□混合动力　□纯电</td></tr>
<tr><td>车辆购买日期</td><td></td></tr>
<tr><td>已使用年限</td><td></td></tr>
<tr><td>行驶里程</td><td></td></tr>
<tr><td>来历</td><td colspan="2">□市场中购买　□走私罚没　□捐赠免税车</td></tr>
<tr><td>车籍</td><td colspan="2"></td></tr>
<tr><td>使用性质</td><td colspan="2">□非营运　□营运　□其他</td></tr>
<tr><td rowspan="2">证件及税费是否齐全</td><td colspan="2">□机动车来历证明　□机动车行驶证
□机动车登记证书　□机动车号牌
□机动车检验合格标志　□车辆购置税完税证明
□车船使用税　□机动车强制保险单</td></tr>
<tr><td colspan="2">（不齐全请记录缺少的相关材料原因）</td></tr>
<tr><td>事故情况</td><td colspan="2"></td></tr>
<tr><td>现实技术</td><td colspan="2"></td></tr>
<tr><td>备注</td><td colspan="2"></td></tr>
</table>

微组织 7：老师检查纠错，学生改正错误。微评价：☆☆☆☆☆

2. 请总结实施情景演练工作过程中存在的问题，将问题填写在二手车辆信息登记表问题汇总简析表，并对产生原因进行简要分析，见表 1-1-7。

表 1-1-7　二手车辆信息登记表问题汇总简析表

序号	问题	简析
1		
2		
3		

微组织 8：老师检查纠错，学生改正错误。微评价：☆☆☆☆☆

3. 请查询教材，在方框中写出 8 种评估目的，并在横线上写出评估目的相应释义，见图 1-1-2。

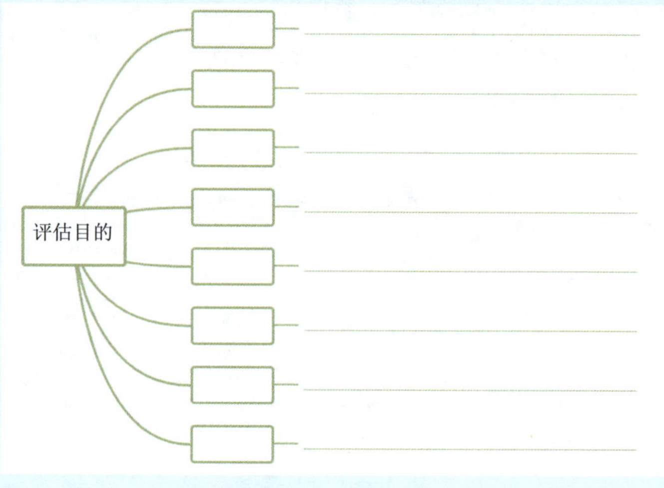

图 1-1-2　评估目的

微组织 9：老师检查纠错，学生改正错误。微评价：☆☆☆☆☆

案例

洽谈业务中未认真仔细了解车辆详细信息，导致最终车辆无法上牌。

2021 年春节前，黄女士想要买一辆二手车保时捷 Macan，寻求第三方鉴定评估机构鉴定评估要购买的车辆，鉴定评估后黄女士购买了该车辆，后来发现该车无法落实过户，要求第三方鉴定评估机构退款未果，黄女士只好向市场监督管理部门投诉。

市场监督管理局投诉举报处置工作人员，经调查发现，第三方虽然对车辆进行了鉴定评估，却未发现车辆外观与原始档案不一致，导致最终车辆无法上牌。

因此，在鉴定评估开始前，业务洽谈工作一定要做到认真、仔细、规范地与客户进行沟通，真实地填写车辆的各项信息。

任务二　核查证件和税费

流程一　工作准备

请说出工作准备项目与内容，对照表 1-2-1 核对检查，若已准备好，请用铅笔在相应项目内容后的方框里画上“√”；若有遗漏，请补充后画上“√”。

表 1-2-1　核查证件和税费工作准备情况检查表

项目	内容
工作地点	二手车鉴定评估洽谈区□
工作设施	鉴定评估车辆□ 计算机□ 洽谈桌□ 座椅□
工作用品	机动车证件税费□ 文件夹□ 写字板□ 签字笔□

微组织 1：老师检查纠错，学生改正错误。微评价：☆☆☆☆☆

流程二　核查机动车来历证明

1. 请观看老师的核查示范，结合老师讲解、查阅教材及观看相关视频，并将核对的内容填写到机动车来历证明核对工作计划表中，见表 1-2-2。

表 1-2-2　机动车来历证明核对工作计划表

序号	内容	备注
1		
2		
3		
4		
5		
6		
7		

微组织 2：老师检查纠错，学生改正错误。微评价：☆☆☆☆☆

2. 请写出机动车来历证明核查标准。

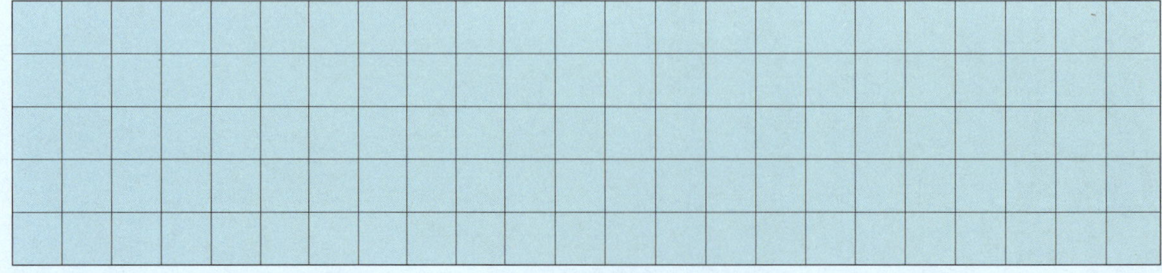

微组织 3：老师检查纠错，学生改正错误。微评价：☆☆☆☆☆

3. 请根据工作计划实施机动车来历证明的核查，总结核查工作过程中存在的问题，并对产生原因进行简要分析，用铅笔认真写在图 1-2-1 中。

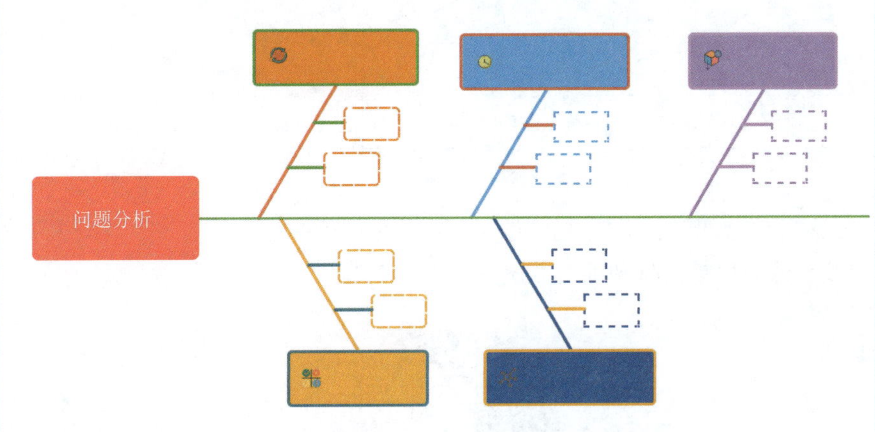

图 1-2-1 机动车来历证明核查实施问题分析

微组织 4：老师检查纠错，学生改正错误。微评价：☆☆☆☆☆

流程三 核查机动车行驶证

1. 请观看老师的核查示范，结合老师讲解、查阅教材及观看相关视频，并将核对的内容填写到机动车行驶证核查工作计划表中，见表 1-2-3。

表 1-2-3 机动车行驶证核查工作计划表

序号	内容	备注
1		
2		
3		
4		
5		
6		
7		
8		
9		
10		

微组织 5：老师检查纠错，学生改正错误。微评价：☆☆☆☆☆

2. 请写出机动车行驶证的释义。

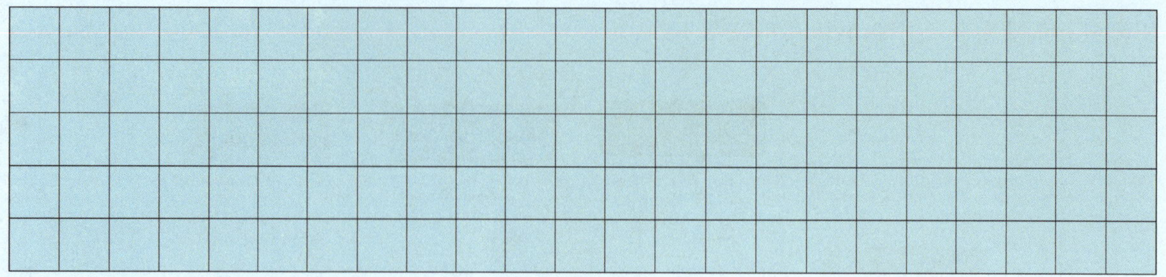

微组织 6：老师检查纠错，学生改正错误。微评价：☆☆☆☆☆

3. 请查询教材并写出核查行驶证的方法，见图 1-2-2。

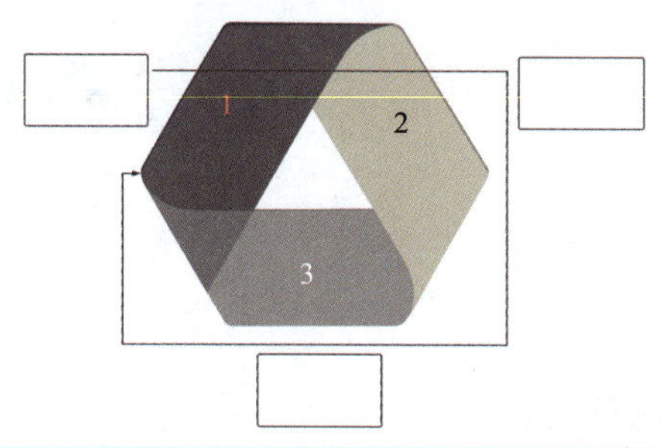

图 1-2-2　机动车行驶证核查方法

微组织 7：老师检查纠错，学生改正错误。微评价：☆☆☆☆☆

4. 请根据工作计划实施机动车行驶证核查，总结核查工作过程中存在的问题，并对产生原因进行简要分析，用铅笔认真写在图 1-2-3 中。

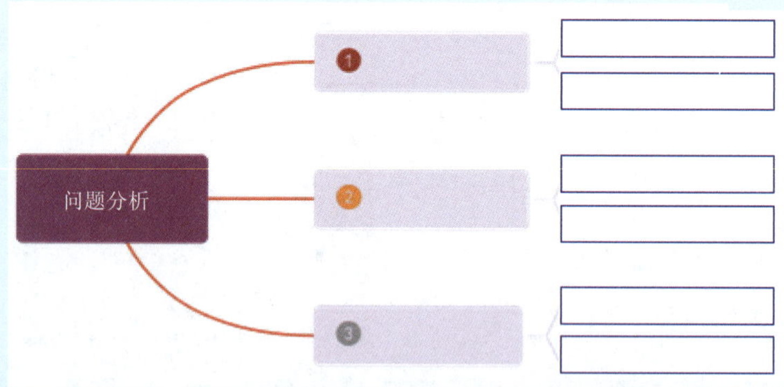

图 1-2-3　机动车行驶证核查实施问题分析

微组织 8：老师检查纠错，学生改正错误。微评价：☆☆☆☆☆

流程四　核查机动车登记证书

1. 请观看老师的核查示范，结合老师讲解、查阅教材及观看相关视频，并将核对的内容填写到机动车登记证书核查工作计划表中，见表 1-2-4。

表 1-2-4　机动车登记证书核查工作计划表

序号	内容	备注
1		
2		
3		
4		
5		
6		
7		
8		
9		
10		

微组织 9：老师检查纠错，学生改正错误。微评价：☆☆☆☆☆

2. 请写出机动车登记证书的作用。

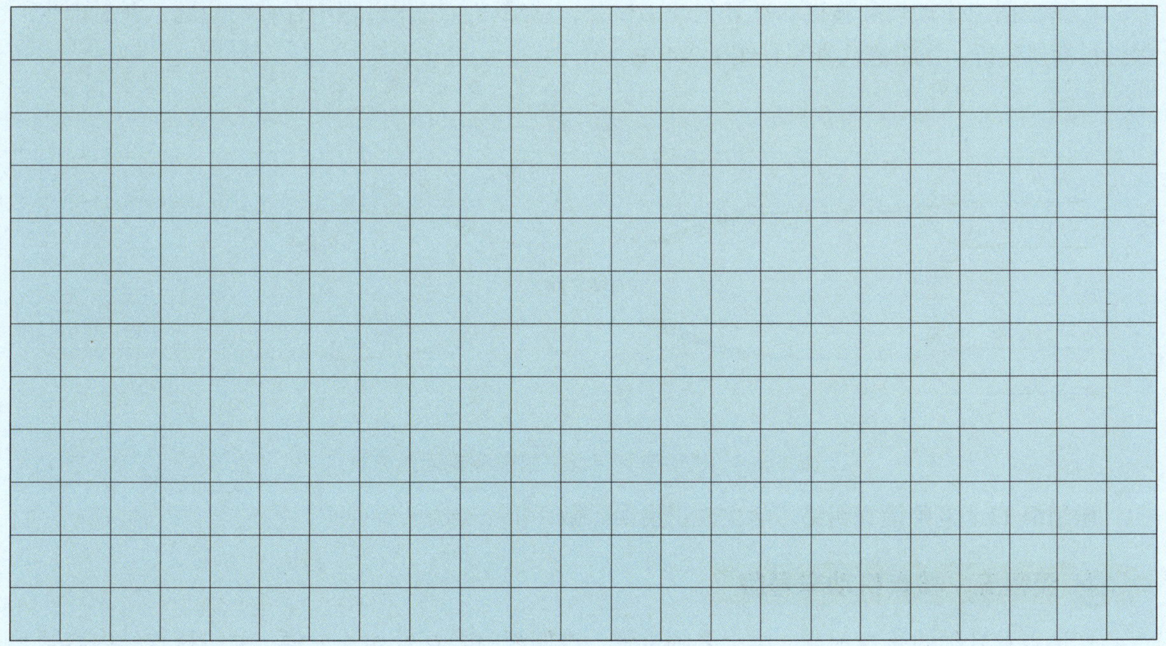

微组织 10：老师检查纠错，学生改正错误。微评价：☆☆☆☆☆

3. 请结合老师讲解，查阅教材，并在下面的图框中绘制出“车主”判断方法。

微组织 11：老师检查纠错，学生改正错误。微评价：☆☆☆☆☆

4. 请根据工作计划实施机动车登记证书核查，总结核查工作过程中存在的问题，并对产生原因进行简要分析，用铅笔认真写在图 1-2-4 中。

图 1-2-4　机动车登记证书核查实施问题分析

微组织 12：老师检查纠错，学生改正错误。微评价：☆☆☆☆☆

流程五　核查机动车号牌

1. 请观看老师的核查示范，结合老师讲解、查阅教材及观看相关视频，并将核查的内容填写到机动车登记号牌核查工作计划表中，见表 1-2-5。

表 1-2-5　机动车登记号牌核查工作计划表

序号	内容	备注
1		
2		
3		
4		
5		

微组织 13：老师检查纠错，学生改正错误。微评价：☆☆☆☆☆

2. 请写出机动车号牌的作用。

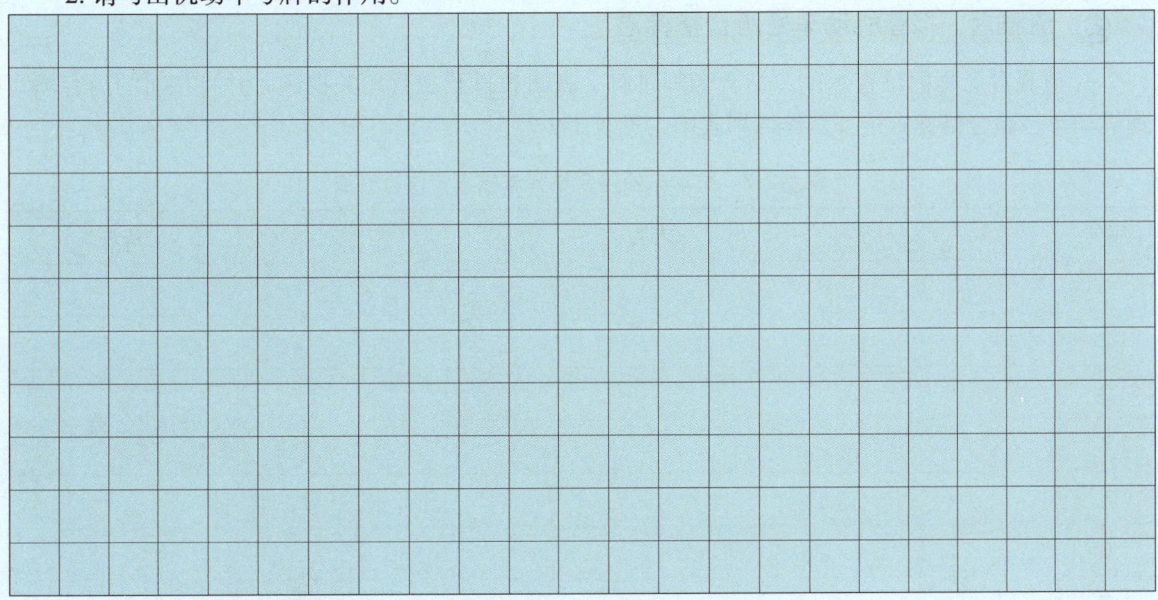

微组织 14：老师检查纠错，学生改正错误。微评价：☆☆☆☆☆

3. 请结合老师讲解，查阅教材，写出机动车号牌的分类方法，见表 1-2-6。

表 1-2-6　机动车号牌分类方法表

分类	颜色	适用范围

微组织 15：老师检查纠错，学生改正错误。微评价：☆☆☆☆☆

4. 请根据工作计划实施机动车号牌核查，总结核查工作过程中存在的问题，并对产生原因进行简要分析，用铅笔认真写在图 1-2-5 中。

图 1-2-5　机动车号牌核查实施问题分析

微组织 16：老师检查纠错，学生改正错误。微评价：☆☆☆☆☆

流程六　核查机动车检验合格标志

1. 请观看老师的核查示范，结合老师讲解、查阅教材及观看相关视频，并将核对的内容填写到机动车检验合格标志核查工作计划表中，见表 1-2-7。

表 1-2-7　机动车检验合格标志核查工作计划表

序号	内容	备注
1		
2		
3		
4		
5		
6		
7		
8		
9		
10		

微组织 17：老师检查纠错，学生改正错误。微评价：☆☆☆☆☆

2. 请结合老师讲解，查阅教材，并在下面的图框中画出机动车检验合格标志核查方法。

微组织 18：老师检查纠错，学生改正错误。微评价：☆☆☆☆☆

3. 请根据工作计划实施机动车检验合格标志核查，总结核查工作过程中存在的问题，并对产生原因进行简要分析，用铅笔认真写在图 1-2-6 中。

图 1-2-6　机动车检验合格标志核查实施问题分析

微组织 19：老师检查纠错，学生改正错误。微评价：☆☆☆☆☆

流程七　核查车辆购置税完税证明

1. 请观看老师的核查示范，结合老师讲解、查阅教材及观看相关视频，并将核对的内容填写到车辆购置税完税证明核查工作计划表中，见表 1-2-8。

表 1-2-8　车辆购置税完税证明核查工作计划表

序号	内容	备注
1		
2		
3		
4		
5		

微组织 20：老师检查纠错，学生改正错误。微评价：☆☆☆☆☆

2. 请写出车辆购置税计算方法，见表 1-2-9。

表 1-2-9　车辆购置税计算方法

车辆类型	计算方法
国产私车	
进口私车	

微组织 21：老师检查纠错，学生改正错误。微评价：☆☆☆☆☆

3. 请计算图 1-2-7 所示购车发票所征收的购置税价格。

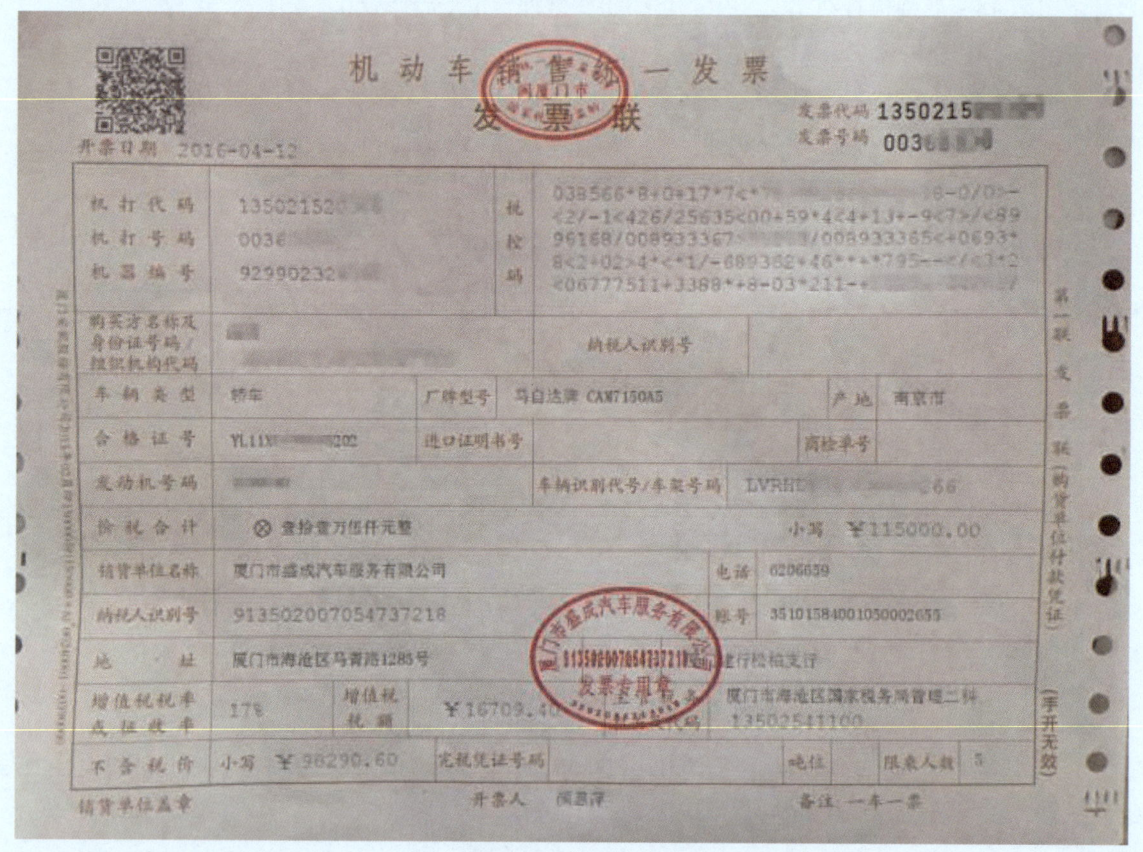

机动车销售统一发票

发票联

开票日期 2016-04-12

发票代码 1350215

发票号码 003

机打代码 135021520

机打号码 0036

机器编号 92990232

税控码 038566*8+0+17*7<*　8-0/0>-
<2/-1<426/25635<00+59*4<4+13+-9<7>/<89
99168/008933367　/008933365<+0693*
8<2+02>4*<*1/-689362+46***795--</<3*2
<06777511+3388*+8-03*211-+　/

购买方名称及身份证号码/组织机构代码

纳税人识别号

车辆类型 轿车　厂牌型号 马自达牌 CAM7150A5　产地 南京市

合格证号 YL11X　202　进口证明书号　商检单号

发动机号码　车辆识别代号/车架号码 LVRHD　66

价税合计 ⊗壹拾壹万伍仟元整　小写 ¥115000.00

销售单位名称 厦门市盛成汽车服务有限公司　电话 6206659

纳税人识别号 913502007054737218　账号 35101584001050002655

地址 厦门市海沧区马青路1285号　开户银行 建行松柏支行

增值税税率或征收率 17%　增值税税额 ¥16709.40　主管税务机关及代码 厦门市海沧区国家税务局管理二科 13502541100

不含税价 小写 ¥98290.60　完税凭证号码　吨位　限乘人数 5

销货单位盖章　开票人 阙恩萍　备注 一车一票

第一联 发票联（购货单位付款凭证）（手开无效）

图 1-2-7　购车发票

购置税计算：____

微组织 22：老师检查纠错，学生改正错误。微评价：☆☆☆☆☆

4. 请根据工作计划实施车辆购置税完税证明核查，总结核查工作过程中存在的问题，并对产生原因进行简要分析，用铅笔认真写在图 1-2-8 中。

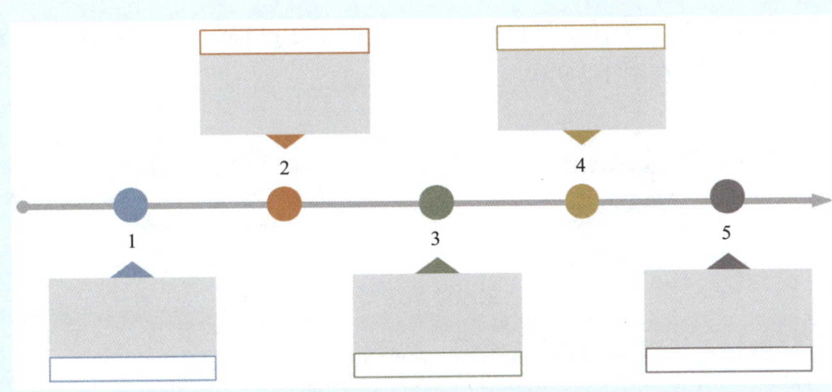

图 1-2-8　车辆购置税完税证明核查实施问题分析

微组织 23：老师检查纠错，学生改正错误。微评价：☆☆☆☆☆

流程八　核查车船使用税

1. 请观看老师的核查示范，结合老师讲解、查阅教材及观看相关视频，并将核对的内容填写到车船使用税核查工作计划表中，见表 1-2-10。

表 1-2-10　车船使用税核查工作计划表

序号	内容	备注
1		
2		
3		
4		
5		

微组织 24：老师检查纠错，学生改正错误。微评价：☆☆☆☆☆

2. 请写出车船使用税税额，见表 1-2-11。

表 1-2-11　车船使用税税额表

排量	税额
1.0 L 以下	
1.0 L 以上至 1.6 L（含）	
1.6 L 以上至 2.0 L（含）	
2.0 L 以上至 2.5 L（含）	
2.5 L 以上至 3.0 L（含）	
3.0 L 以上至 4.0 L（含）	
4.0 L 以上	

微组织 25：老师检查纠错，学生改正错误。微评价：☆☆☆☆☆

3. 请根据工作计划实施车船使用税核查，总结核查工作过程中存在的问题，并对产生原因进行简要分析，用铅笔认真写在图 1-2-9 中。

图 1-2-9　车船使用税实施问题分析

微组织 26：老师检查纠错，学生改正错误。微评价：☆☆☆☆☆

流程九　核查机动车保险标志及强制保险单

1. 请观看老师的核查示范，结合老师讲解、查阅教材及观看相关视频，并将核对的内容填写到机动车保险标志及强制保险单核查工作计划表中，见表 1-2-12。

表 1-2-12　机动车保险标志及强制保险单核查工作计划表

序号	内容	备注
1		
2		
3		
4		
5		
6		
7		
8		
9		
10		

微组织 27：老师检查纠错，学生改正错误。微评价：☆☆☆☆☆

2. 请写出机动车保险标志及强制保险单的核查标准，见表 1-2-13。

表 1-2-13　机动车保险标志及强制保险单核查标准表

序号	标准
1	
2	
3	
4	
5	

微组织 28：老师检查纠错，学生改正错误。微评价：☆☆☆☆☆

3. 请根据工作计划实施机动车保险标志及强制保险单核查，总结核查工作过程中存在的问题，并对产生原因进行简要分析，用铅笔认真写在图 1-2-10 中。

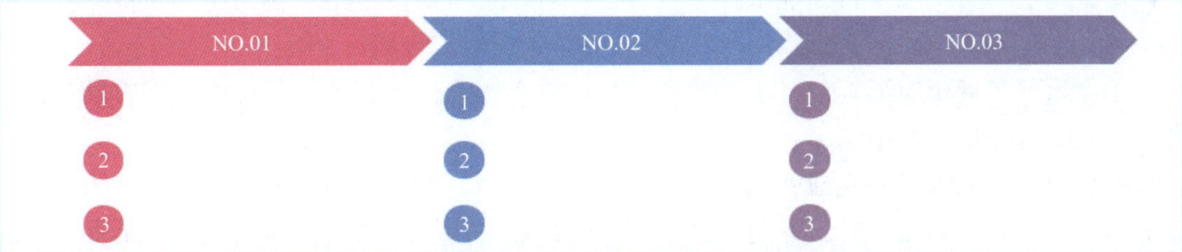

NO.01	NO.02	NO.03
1	1	1
2	2	2
3	3	3

图 1-2-10　机动车保险标志及强制保险单实施问题分析

微组织 29：老师检查纠错，学生改正错误。微评价：☆☆☆☆☆

案例

客户李先生的朋友想要将车辆抵押借款，客户对二手车辆价格不了解，想要在吉林市吉检二手车鉴定评估机构对车辆进行鉴定评估，与朋友签订正规借款合同。

车主出示了车辆相应证件，二手车鉴定评估师对车辆证件进行核查，核查过程中发现，该车辆的机动车登记证书是伪造的。

真的登记证书纸张表面光滑，纸张质量好，印刷清晰，墨色均匀。数字均使用专用字体，均为公安部加密字体。例如“0”，中间有一条起伏的横杠。“5”的横为一条曲线，不是直线。假登记证书做工粗糙，耐磨性比较差，印刷模糊，墨色过浓或过淡，纸张和印刷都没有真登记证书那么细腻。真假对比，多看细节，可以进行区别。

任务三　签订二手车鉴定评估委托书

流程一　工作准备

请说出工作准备项目与内容，对照表 1-3-1 核对检查，若已准备好，请用铅笔在相应项目内容后的方框里画上“√”；若有遗漏，请补充后画上“√”。

表 1-3-1　签订二手车鉴定评估委托书工作准备情况检查表

项目	内容
工作地点	二手车鉴定评估洽谈区□
工作设施	鉴定评估车辆□　洽谈桌□　座椅□
工作用品	机动车证件□　文件夹□　写字板□　签字笔□

微组织 1：老师检查纠错，学生改正错误。微评价：☆☆☆☆☆

流程二　签订二手车鉴定评估委托书

1. 请观看老师填写二手车鉴定评估委托书内容及与客户沟通的情景演练，结合老师讲解、查阅教材及观看相关视频，并将情景演练中的工作流程填写到签订二手车鉴定评估委托书工作计划表中，见表 1-3-2。

表 1-3-2　签订二手车鉴定评估委托书工作计划表

序号	内容	备注
1		
2		
3		
4		
5		

微组织 2：老师检查纠错，学生改正错误。微评价：☆☆☆☆☆

2. 请两人一组模仿老师的情景演练，并根据工作计划完成二手车鉴定评估委托书的填写，见表 1-3-3。

表 1-3-3　二手车鉴定评估委托书

二手车鉴定评估委托书	
委托书编号：______________	
委托方名称（姓名）：	法人代码证（身份证）号：
鉴定评估机构名称：	法人代码证：
委托方地址：	鉴定评估机构地址：
联系人：	电话：
因　□交易　□典当　□拍卖　□置换　□抵押　□担保　□咨询　□司法裁决需要，委托人与受托人达成委托关系，号牌号码为____________，车辆类型为____________，车架号（VIN 码）为____________的车辆进行技术状况鉴定并出具评估报告书，________年________月________日前完成。	

续表

<table>
<tr><th colspan="6">委托评估车辆基本信息</th></tr>
<tr><td rowspan="7">车辆情况</td><td>厂牌型号</td><td></td><td>使用用途</td><td colspan="2">营运 □
非营运 □</td></tr>
<tr><td>总质量 / 座位 / 排量</td><td></td><td>燃料种类</td><td colspan="2"></td></tr>
<tr><td>初次登记日期</td><td>年 月 日</td><td>车身颜色</td><td colspan="2"></td></tr>
<tr><td>已使用年限</td><td>年 个月</td><td>累计行驶里程（万公里）</td><td colspan="2"></td></tr>
<tr><td>大修次数</td><td>发动机（次）</td><td></td><td>整车（次）</td><td></td></tr>
<tr><td>维修情况</td><td colspan="4"></td></tr>
<tr><td>事故情况</td><td colspan="4"></td></tr>
<tr><td>价值反映</td><td>购置日期</td><td>年 月 日</td><td>原始价格（元）</td><td colspan="2"></td></tr>
<tr><td colspan="3">委托方：（签字、盖章）

年 月 日</td><td colspan="3">受托方：（签字、盖章）
（二手车鉴定评估机构盖章）
年 月 日</td></tr>
</table>

微组织 3：老师检查纠错，学生改正错误。微评价：☆☆☆☆☆

3. 请用铅笔在下面方格中认真写出二手车鉴定评估委托书填写要求。

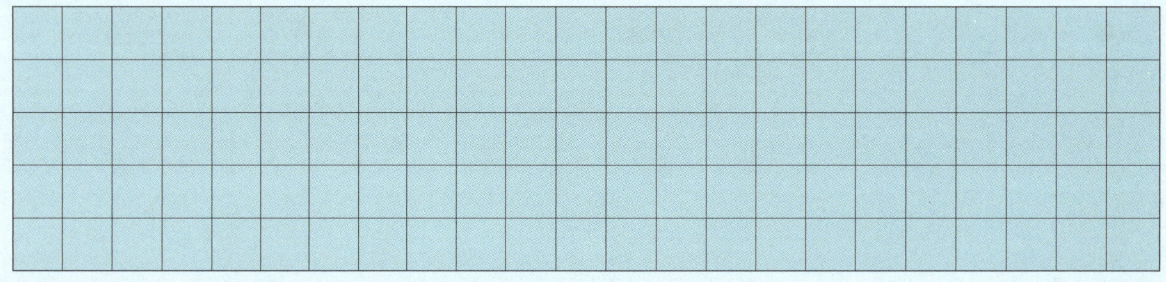

微组织 4：老师检查纠错，学生改正错误。微评价：☆☆☆☆☆

4. 请总结实施情景演练工作过程中存在的问题，并对产生原因进行简要分析，用铅笔认真写在图 1-3-1 中。

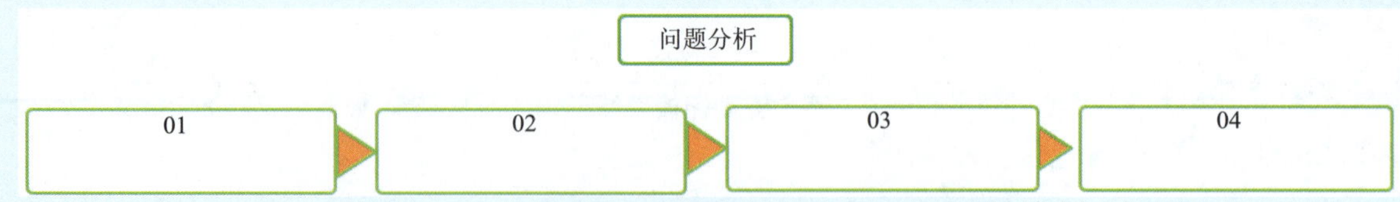

图 1-3-1　签订二手车鉴定评估委托书实施问题分析

微组织 5：老师检查纠错，学生改正错误。微评价：☆☆☆☆☆

案例

2021 年 8 月，王先生的公司即将破产清算，有一辆 2018 款 2.0TSI 御尊版帕萨特想要进行车辆鉴定评估，王先生作为鉴定委托经办人提供了车辆的行驶证、购置税本、机动车登记证书、发票及保单等，洽谈人员记录了车辆的信息及客户需求，在签订一系列手续后对车辆进行了鉴定评估，最终按照合同制定日期向王先生提供了鉴定评估报告。

王先生在查看鉴定评估报告时，发现车辆鉴定评估的价格较低，重新查看了签署的合同，发现在鉴定评估目的选项中，该车辆的鉴定评估目的为拍卖，与洽谈人员沟通后，王先生表示公司现今并未破产，仅是想对车辆进行以交易为目的的鉴定评估。

在最初洽谈过程中，洽谈人员未仔细询问客户的鉴定目的，在后期签署合同时，也未认真与客户核实本次鉴定评估的目的及内容，造成了损失。

任务四　拟定鉴定评估作业方案

流程一　工作准备

请说出工作准备项目与内容，对照表 1-4-1 核对检查，若已准备好，请用铅笔在相应项目内容后的方框里画上“√”；若有遗漏，请补充后画上“√”。

表 1-4-1　拟定鉴定评估作业方案工作准备情况检查表

项目	内容
工作地点	二手车鉴定评估洽谈区□
工作设施	鉴定评估车辆□ 洽谈桌□ 座椅□
工作用品	计算机□ 打印机□ 文件夹□ 写字板□ 签字笔□

微组织 1：老师检查纠错，学生改正错误。微评价：☆☆☆☆☆

流程二　拟定鉴定评估作业方案

1. 请观看老师拟定鉴定评估作业方案的工作过程，结合老师讲解、查阅教材及观看相关视频，并将工作流程填写到拟定鉴定评估作业方案工作计划表中，见表 1-4-2。

表 1-4-2　拟定鉴定评估作业方案工作计划表

序号	内容	备注
1		
2		
3		
4		
5		
6		
7		
8		

微组织 2：老师检查纠错，学生改正错误。微评价：☆☆☆☆☆

2. 请模仿老师拟定鉴定评估作业方案的工作过程，并根据工作计划完成二手车鉴定评估作业方案的拟定，见表 1-4-3。

表 1-4-3　二手车鉴定评估作业方案

二手车鉴定评估作业方案
一、委托方与车辆所有方简介 委托方______ 委托方联系人______，联系电话________ 二、评估目的 根据委托方的要求，本项目评估目的（在□处画√）： □交易 □转籍 □拍卖 □置换 □抵押 □担保 □咨询 □司法裁决 三、评估对象 评估车辆的厂牌型号：(　　　)；号牌号码：(　　　)。 四、鉴定评估基准日 鉴定评估基准日：______年______月______日。 五、拟定评估方法（在□处画√） □重置成本法 □现行市价法 □收益现值法 □其他 六、拟定评估人员 负责评估师：（　　） 协助评估人员：（　　） 七、现场工作计划 负责评估师组织相关人员，于______年______月______日______时前，参照各项工作的参考时间，完成下列工作。 (1) 证件核对：20 分钟。 (2) 鉴定二手车现时技术状况。 静态检查与动态检查：120 分钟； 仪器设置检查：送 ××× 检测站：2 小时。 (3) 车辆拍照：10 分钟。 (4) 评定估算：2 小时。 (5) 撰写评估报告：2 小时。 八、评估作业程序 按照接受委托、验证、现场查勘、评定估算和提交报告的程序进行。 九、拟定提交评估报告时间 ______年______月______日

微组织 3：老师检查纠错，学生改正错误。微评价：☆☆☆☆☆

3. 请根据工作计划实施二手车鉴定评估方案制定，总结制定方案中应注意的问题，并用铅笔认真写在下面方格中。

微组织 4：老师检查纠错，学生改正错误。微评价：☆☆☆☆☆

案例

张先生自己有一台奥迪 A6L 想要出手，车子是黑色的 2018 款且 2019 年上牌排量为 1.8T，公里数 1.7 万 km。车主描述车子只有前保险杠和右侧门有钣金补漆，其他地方一切正常，车子还有一些保养券可以一并送出，还有大半年的交强险。车主咨询了鉴定评估机构后给出了 30.5 万元的价格，评估完车价过了一天，车主报价 30 万元也可以出售，车主很有诚意，很多人打电话沟通价格后，张先生都觉得价格过低没有卖出。过了 4 个月车辆仍未出售，张先生再次询问价格，评估机构给出的价格为 30 万元，张先生不理解，鉴定评估机构解释道，车辆状况虽然基本没有变化，但现在车辆距评估日期已经过了 4 个月，车况无变化评估价值的最多维持 90 天，因此现在车价下降。第三方鉴定评估机构的鉴定结果和评估价值，一般只能是鉴定评估的基准日当日的车况鉴定情况和价值，超过 90 天，该鉴定评估结果将会失效。

项目二　判别碰撞事故车

项目任务单

<table>
<tr><td>项目描述</td><td>完成 2018 款红旗 H5 智联享动车型碰撞事故车的判别</td></tr>
<tr><td>项目要求</td><td>符合国家二手车鉴定评估技术规范，完成 2018 款红旗 H5 智联享动车型碰撞事故车的鉴定评估。
（1）检查车体结构；
（2）检查车身外观；
（3）检查发动机舱；
（4）检查驾驶舱；
（5）检查行李舱；
（6）检查车辆底盘；
（7）查询车辆使用记录；
（8）检查调表车</td></tr>
<tr><td>学习目标</td><td>（1）准确地说出碰撞事故车的定义及查询车辆使用记录渠道；
（2）准确地描述车身结构、发动机舱、驾驶舱、行李舱、车辆底盘、调表车的检查内容及方法；
（3）规范地检查车身结构、车身外观、发动机舱、驾驶舱、行李舱、车辆底盘并记录检查结果；
（4）正确查询车辆使用并读取车辆公里数，记录结果；
（5）养成自觉遵守岗位职责和要求规定、规范行为、安全、环保、“5S”作业、团结协作的好习惯；
（6）树立公正是第三方鉴定最大的责任、信誉与尊严的工作观；
（7）形成细心在于观察，成功在于积累的创新意识</td></tr>
<tr><td>项目载体</td><td>车主张先生按照约定时间，将需要鉴定的 2018 款红旗 H5 智联享动车型碰撞事故车送到吉林市吉检机动车鉴定评估机指定地点，鉴定评估师杨帆已经在停车场等待张先生，接过车钥匙，杨帆将张先生引入休息区后，杨帆指派鉴定评估助理高尚将车辆开至鉴定评估场地，停好车辆，高尚开始做碰撞事故车鉴定评估准备。杨帆送别张先生后，与助理高尚对车辆进行事故碰撞车的鉴定</td></tr>
<tr><td>计划学时</td><td>28~40 学时</td></tr>
</table>

工作页	上课地点		学生姓名		完成 / 未完成
	任课教师		上课时间		优 / 良 / 中 / 及格

项目导入

一、读一读

近年来，全国汽车保有量不断攀升，车辆上路事故频发，事故车数量猛增，随着互联网迅猛发展，网络中出现了大量出售事故车的平台，例如保信网、事故车交易网、事故车网、事故车88拍卖网，均出售正规事故车，车况透明、信息准确，请思考：事故车出售网站的出现，对二手车行业有哪些影响？

微组织1：老师检查纠错，学生改正错误。微评价：☆☆☆☆☆

二、写一写

请认真翻阅《二手车鉴定评估技术规范》，查询网络资料，在下图中找出哪些类型的车辆可以称为事故车，写出该事故车的类型并打“√”。

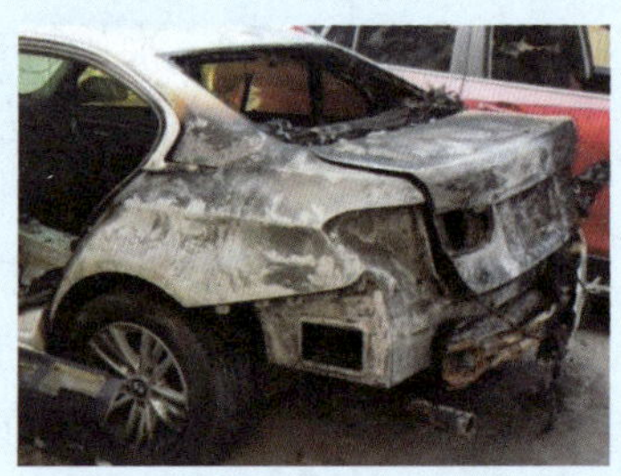

判断事故车及类型

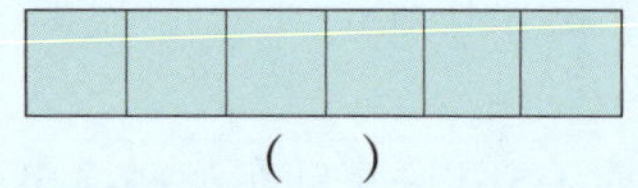
（　）

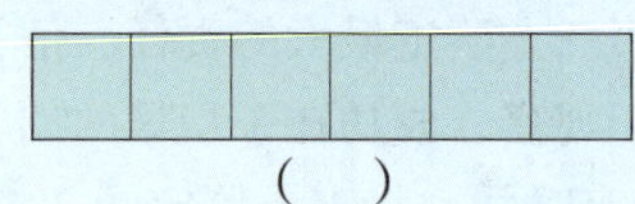
（　）

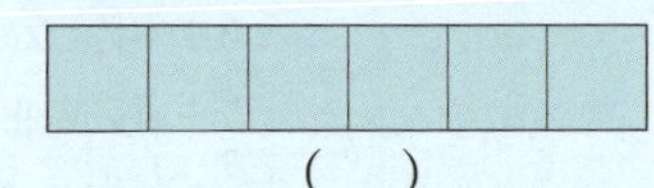
（　）

三、职业标准与岗位要求

请大声说出职业标准与岗位要求，同时进行自检和互检。若已完成，请用铅笔在方框内打“√”。

□遵纪守法，廉洁自律。

□客观独立，公正科学。

□诚实守信，规范服务。

□客户至上，保守秘密。

□团队合作，锐意进取。

□操作规范，保证安全。

□进入工作场地，工装穿着整洁，佩戴工牌。

□进入工作场地后，严禁摆弄与本次工作无关的设备和工具，严禁嬉戏打闹。

微组织3：老师检查纠错，学生改正错误。微评价：☆☆☆☆☆

项目实施

任务一　检查车体结构

流程一　工作准备

请说出工作准备项目与内容，对照表 2-1-1 核对检查，若已准备好，请用铅笔在相应项目内容后的方框里画上“√”；若有遗漏，请补充后画上“√”。

表 2-1-1　检查车体结构工作准备情况检查表

项目	内容
工作地点	二手车鉴定评估作业场地□
工作设施	套筒扳手组合套具□ 漆膜仪□ 手电筒□ 卷尺□
工作用品	二手车鉴定评估作业表□ 写字板□ 抹布□ 签字笔□

微组织 1：老师检查纠错，学生改正错误。微评价：☆☆☆☆☆

流程二　检查车身周正性

1. 请观看老师检查车身周正性的情景演练，结合老师讲解、查阅教材及观看相关视频，并将情景演练中的作业过程写到车身周正性检查工作计划表中，见表 2-1-2。

表 2-1-2　车身周正性检查工作计划表

序号	内容	备注
1		
2		
3		
4		
5		
6		
7		
8		
9		
10		
11		

微组织 2：老师检查纠错，学生改正错误。微评价：☆☆☆☆☆

2. 请两人一组模仿老师的情景演练，并将检查结果填写在车体结构检查项目作业表中，见表 2-1-3。

表 2-1-3 车体结构检查项目作业表

<table>
<tr><th colspan="6">车体结构检查项目</th></tr>
<tr><td>1</td><td colspan="5">车体左右对称性</td></tr>
<tr><td>2</td><td colspan="2">左 A 柱</td><td>8</td><td colspan="2">左前纵梁</td></tr>
<tr><td>3</td><td colspan="2">左 B 柱</td><td>9</td><td colspan="2">右前纵梁</td></tr>
<tr><td>4</td><td colspan="2">左 C 柱</td><td>10</td><td colspan="2">左前减振器悬架部位</td></tr>
<tr><td>5</td><td colspan="2">右 A 柱</td><td>11</td><td colspan="2">右前减振器悬架部位</td></tr>
<tr><td>6</td><td colspan="2">右 B 柱</td><td>12</td><td colspan="2">左后减振器悬架部位</td></tr>
<tr><td>7</td><td colspan="2">右 C 柱</td><td>13</td><td colspan="2">右后减振器悬架部位</td></tr>
<tr><td>代表字母</td><td>BX</td><td>NQ</td><td>GH</td><td>SH</td><td>ZZ</td></tr>
<tr><td>描述</td><td>变形</td><td>扭曲</td><td>更换</td><td>烧焊</td><td>褶皱</td></tr>
<tr><td>缺陷描述</td><td colspan="5"></td></tr>
<tr><td>事故判定</td><td colspan="5">□事故车 □正常车</td></tr>
</table>

微组织 3：老师检查纠错，学生改正错误。微评价：☆☆☆☆☆

3. 请查阅教材和观看视频，结合检查过程对车体结构的认识，在图 2-1-1 下面的横线上用铅笔认真写出车体结构各部分名称。

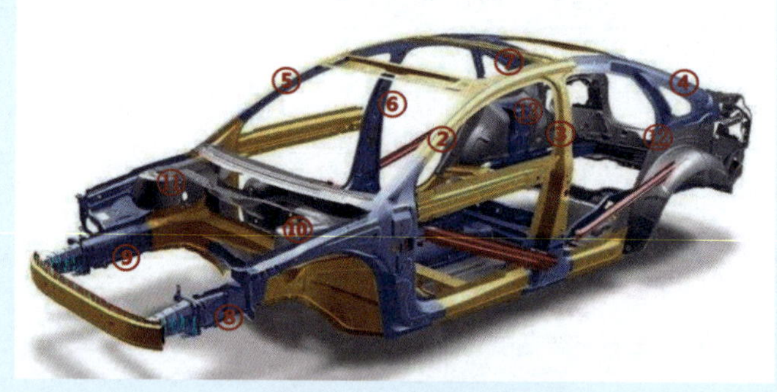

图 2-1-1 车体结构

1.__________2.__________3.__________4.__________5.__________6.__________7.__________

8.__________9.____________________10.____________________11.____________________

12.____________________13.____________________

微组织 4：老师检查纠错，学生改正错误。微评价：☆☆☆☆☆

4. 请根据工作计划实施车体结构的检查，总结检查工作过程中存在的问题，并对产生原因进行简要分析，用铅笔认真写在图 2-1-2 中。

图 2-1-2　检查车体结构实施问题分析

微组织 5：老师检查纠错，学生改正错误。微评价：☆☆☆☆☆

流程三　检查底盘线束

1. 请观看老师检查底盘线束的情景演练，结合老师讲解、查阅教材及观看相关视频，并将情景演练中的作业过程写到底盘线束检查工作计划表中，见表 2-1-4。

表 2-1-4　底盘线束检查工作计划表

序号	内容	备注
1		
2		
3		
4		

微组织 6：老师检查纠错，学生改正错误。微评价：☆☆☆☆☆

2. 请两人一组模仿老师的情景演练，并将检查结果填写在车体结构检查项目作业表中，见表 2-1-3。

微组织 7：老师检查纠错，学生改正错误。微评价：☆☆☆☆☆

3. 请根据工作计划实施底盘线束的检查，总结检查工作过程中存在的问题，并对产生原因进行简要分析，用铅笔认真写在图 2-1-3 中。

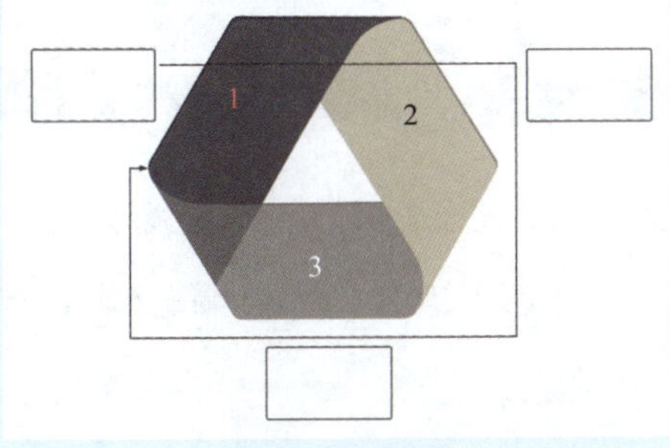

图 2-1-3　底盘线束检查实施问题分析

微组织 8：老师检查纠错，学生改正错误。微评价：☆☆☆☆☆

流程四　检查底盘连接部位

1. 请观看老师检查底盘连接部位的情景演练，结合老师讲解、查阅教材及观看相关视频，并将情景演练中的作业过程写到底盘连接部位检查工作计划表中，见表 2-1-5。

表 2-1-5　底盘连接部位检查工作计划表

序号	内容	备注
1		
2		
3		
4		
5		

微组织 9：老师检查纠错，学生改正错误。微评价：☆☆☆☆☆

2. 请两人一组模仿老师的情景演练，并将检查结果填写在车体结构检查项目作业表中，见表 2-1-3。

微组织 10：老师检查纠错，学生改正错误。微评价：☆☆☆☆☆

3. 请结合检查过程中的认识，并查询教材，总结底盘连接部位检查项目及标准，用铅笔认真填写在图 2-1-4 中。

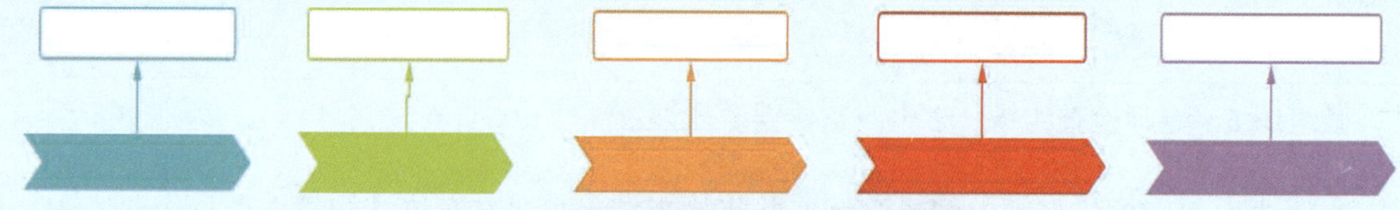

图 2-1-4　底盘连接部位检查项目及标准

微组织 11：老师检查纠错，学生改正错误。微评价：☆☆☆☆☆

4. 请根据工作计划实施底盘连接部位的检查，总结检查工作过程中存在的问题，并对产生原因进行简要分析，用铅笔认真写在图 2-1-5 中。

图 2-1-5　底盘连接部位检查实施问题分析

微组织 12：老师检查纠错，学生改正错误。微评价：☆☆☆☆☆

流程五　填写车体结构检查项目作业表

1. 请观看老师填写车体结构检查项目作业表的情景演练，结合老师讲解、查阅教材及观看相关视频，并将情景演练中的作业过程写到车体结构检查项目作业表填写工作计划表中，见表 2-1-6。

表 2-1-6　车体结构检查项目作业表填写工作计划表

序号	内容	备注
1		
2		
3		

微组织 13：老师检查纠错，学生改正错误。微评价：☆☆☆☆☆

2. 请两人一组模仿老师的情景演练，并将检查结果填写在车体结构检查项目作业表中，见表 2-1-3。

微组织 14：老师检查纠错，学生改正错误。微评价：☆☆☆☆☆

3. 请用铅笔认真在表 2-1-7 中写出车体五种缺陷名称及释义。

表 2-1-7　车体五种缺陷表

符号	名称	释义
BX		
NQ		
GH		
SH		
ZZ		

微组织 15：老师检查纠错，学生改正错误。微评价：☆☆☆☆☆

4. 请根据工作计划实施车体结构检查项目作业表的填写，总结检查工作过程中存在的问题，并对产生原因进行简要分析，用铅笔认真写在图 2-1-6 中。

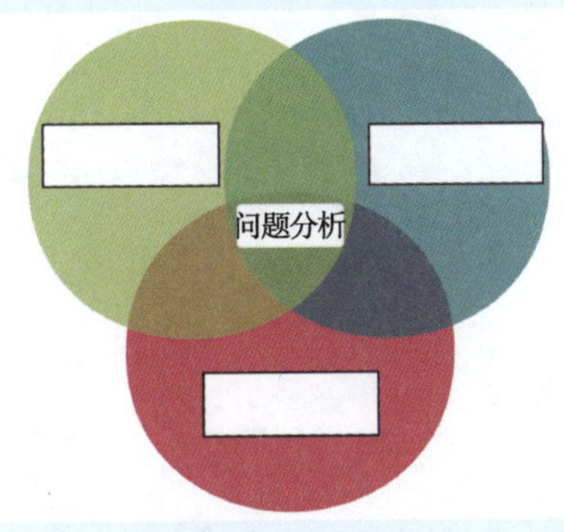

图 2-1-6　车体结构检查项目作业表填写实施问题分析

微组织 16：老师检查纠错，学生改正错误。微评价：☆☆☆☆☆

案例

事故车在现实生活中确实很多，可能更多的是被误解了，发生事故其实不一定就会产生事故车，购买二手车一定要分清情况处理。一些有过小刮蹭的二手车对后期用车没有任何影响，而且相对来说性价比更高，而一些出现过重大事故的问题车，车价相对来说更吸引人，所以购买时一定不要过分关注价格。

任务二　检查车身外观

流程一　工作准备

请说出工作准备项目与内容，对照表 2-2-1 核对检查，若已准备好，请用铅笔在相应项目内容后的方框里画上“√”；若有遗漏，请补充后画上“√”。

表 2-2-1　检查车身外观工作准备情况检查表

项目	内容
工作地点	二手车鉴定评估作业场地□
工作设施	2018 款红旗 H5 智联享动车型碰撞事故车□ 套筒扳手组合套具□ 漆膜仪□ 手电筒□ 卷尺□
工作用品	二手车鉴定评估作业表□ 写字板□ 抹布□ 签字笔□

微组织 1：老师检查纠错，学生改正错误。微评价：☆☆☆☆☆

流程二　检查整车漆面

1. 请观看老师检查整车漆面的情景演练，结合老师讲解、查阅教材及观看相关视频，并将情景演练中的作业过程写到整车漆面检查工作计划表中，见表 2-2-2。

表 2-2-2　整车漆面检查工作计划表

序号	内容	备注
1		
2		
3		
4		
5		
6		
7		
8		
9		
10		
11		
12		

微组织 2：老师检查纠错，学生改正错误。微评价：☆☆☆☆☆

2. 请两人一组模仿老师的情景演练，并将检查结果填写在车身外观检查项目作业表中，见表 2-2-3。

表 2-2-3　车身外观检查项目作业表

序号	车身检查	扣分	缺陷描述
14	发动机舱盖表		划痕 HH 变形 BX 锈蚀 XS 裂纹 LW 凹陷 LW 修复痕迹 XF
15	左前翼子板		
16	左后翼子板		
17	右前翼子板		
18	右后翼子板		
19	左前车门		缺陷程度
20	左后车门		1—面积≤（100×100）mm^2 2—（100×100）mm^2< 面积≤（200×300）mm^2 3—面积 >（200×300）mm^2 4—轮胎花纹深度 <1.6 mm
21	右前车门		
22	右后车门		
23	行李舱盖		
24	行李舱内侧		
25	车顶		
26	前保险杠		
27	后保险杠		
28	左前轮		缺陷描述
29	左后轮		
30	右前轮		
31	右后轮		
32	前照灯		
33	后尾灯		
34	前风窗玻璃		
35	后风窗玻璃		
36	四门车窗玻璃		
37	左后视镜		
38	右后视镜		
39	其他项目		
其他项目			

鉴定科目	鉴定结果（得分）	缺陷描述
车身外观		

微组织 3：老师检查纠错，学生改正错误。微评价：☆☆☆☆☆

3. 请查阅教材和观看视频，结合检查过程对漆膜仪使用及检测的认识，在表 2-2-4 中用铅笔认真标出检测位置并写出漆面检测方法。

表 2-2-4　车身漆面检测方法及位置

检测位置	检测位置示意图	检测方法
发动机舱盖 / 车顶 / 行李舱		
翼子板 / 前后门		

微组织 4：老师检查纠错，学生改正错误。微评价：☆☆☆☆☆

4. 请根据工作计划实施整车漆面的检查，总结检查工作过程中存在的问题，并对产生原因进行简要分析，用铅笔认真写在图 2-2-1 中。

图 2-2-1　检查整车漆面实施问题分析

微组织 5：老师检查纠错，学生改正错误。微评价：☆☆☆☆☆

流程三　检查车头部分

1. 请观看老师检查车头部分的情景演练，结合老师讲解、查阅教材及观看相关视频，并将情景演练中的作业过程写到车头部分检查工作计划表中，见表 2-2-5。

表 2-2-5　车头部分检查工作计划表

序号	内容	备注
1		
2		
3		
4		
5		
6		

微组织 6：老师检查纠错，学生改正错误。微评价：☆☆☆☆☆

2. 请两人一组模仿老师的情景演练，并将检查结果填写在车身外观检查项目作业表中，见表 2-2-3。

微组织 7：老师检查纠错，学生改正错误。微评价：☆☆☆☆☆

3. 请根据工作计划实施车头部分的检查，总结检查工作过程中存在的问题，并对产生原因进行简要分析，用铅笔认真写在图 2-2-2 中。

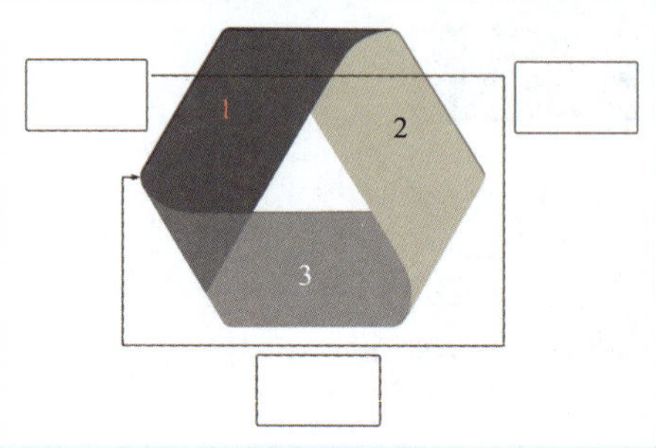

图 2-2-2　车头部分检查实施问题分析

微组织 8：老师检查纠错，学生改正错误。微评价：☆☆☆☆☆

流程四　检查左侧车身部分

1. 请观看老师检查左侧车身部位的情景演练，结合老师讲解、查阅教材及观看相关视频，并将情景演练中的作业过程写到左侧车身部分检查工作计划表中，见表 2-2-6。

表 2-2-6　左侧车身部分检查工作计划表

序号	内容	备注
1		
2		
3		
4		
5		
6		
7		
8		
9		
10		
11		
12		
13		
14		

微组织 9：老师检查纠错，学生改正错误。微评价：☆☆☆☆☆

2. 请两人一组模仿老师的情景演练，并将检查结果填写在车身外观检查项目作业表中，见表 2-2-3。

微组织 10：老师检查纠错，学生改正错误。微评价：☆☆☆☆☆

3. 请结合检查过程中的认识，并查询教材，用铅笔认真在图 2-2-3 上写出车辆玻璃出厂日期的读取方法。

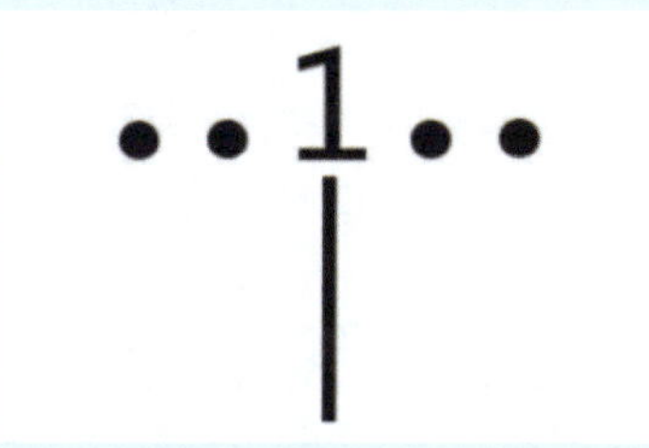

图 2-2-3　玻璃出厂日期读取方法

微组织 11：老师检查纠错，学生改正错误。微评价：☆☆☆☆☆

4. 请在网络中查询车辆玻璃相关知识，写出图 2-2-4 中玻璃的生产日期。

图 2-2-4　玻璃出厂日期

微组织 12：老师检查纠错，学生改正错误。微评价：☆☆☆☆☆

5. 请根据工作计划实施左侧车身部位的检查，总结检查工作过程中存在的问题，并对产生原因进行简要分析，用铅笔认真写在图 2-2-5 中。

图 2-2-5　左侧车身部位检查实施问题分析

微组织 13：老师检查纠错，学生改正错误。微评价：☆☆☆☆☆

流程五　检查车尾部分

1. 请观看老师检查车尾部位的情景演练，结合老师讲解、查阅教材及观看相关视频，并将情景演练中的作业过程写到车尾部分检查工作计划表中，见表 2-2-7。

表 2-2-7　车尾部分检查工作计划表

序号	内容	备注
1		
2		
3		
4		
5		
6		
7		
8		
9		
10		

微组织 14：老师检查纠错，学生改正错误。微评价：☆☆☆☆☆

2. 请两人一组模仿老师的情景演练，并将检查结果填写在车身外观检查项目作业表中，见表 2-2-3。

微组织 15：老师检查纠错，学生改正错误。微评价：☆☆☆☆☆

3. 请根据工作计划实施车尾部分的检查，总结检查工作过程中存在的问题，并对产生原因进行简要分析，用铅笔认真写在图 2-2-6 中。

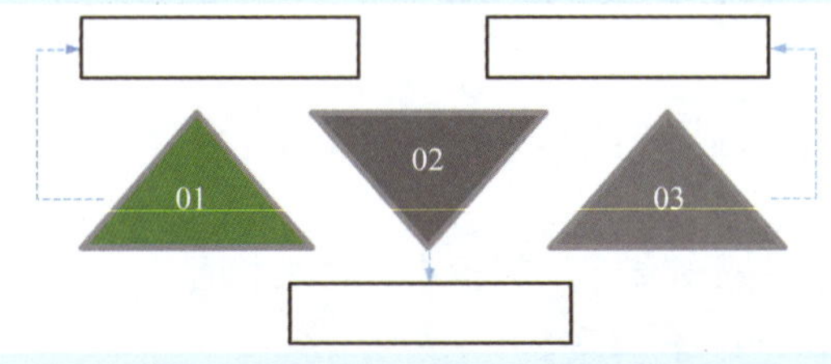

图 2-2-6　检查车尾部分实施问题分析

微组织 16：老师检查纠错，学生改正错误。微评价：☆☆☆☆☆

流程六　检查右侧车身部分

1. 请观看老师检查右侧车身部位的情景演练，结合老师讲解、查阅教材及观看相关视频，并将情景演练中的作业过程写到右侧车身部分检查工作计划表中，见表 2-2-8。

表 2-2-8　右侧车身部分检查工作计划表

序号	内容	备注
1		
2		
3		
4		
5		
6		
7		
8		
9		
10		
11		
12		
13		
14		
15		
16		
17		
18		
19		
20		
21		
22		
23		
24		

微组织 17：老师检查纠错，学生改正错误。微评价：☆☆☆☆☆

2. 请两人一组模仿老师的情景演练，并将检查结果填写在车身外观检查项目作业表中，见表 2-2-3。

微组织 18：老师检查纠错，学生改正错误。微评价：☆☆☆☆☆

3. 请根据工作计划实施右侧车身的检查，总结检查工作过程中存在的问题，并对产生原因进行简要分析，用铅笔认真写在图 2-2-7 中。

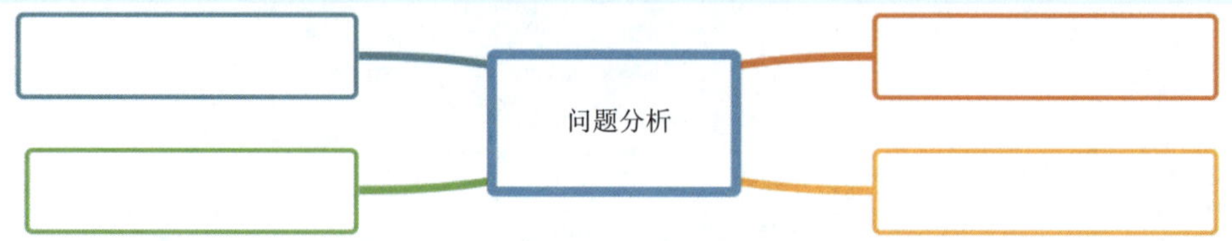

图 2-2-7　检查右侧车身部分实施问题分析

微组织 19：老师检查纠错，学生改正错误。微评价：☆☆☆☆☆

流程七　填写车身外观检查项目作业表

1. 请观看老师填写车身外观检查项目作业表的情景演练，结合老师讲解、查阅教材及观看相关视频，并将情景演练中的作业过程写到车身外观检查项目作业表填写工作计划表中，见表 2-2-9。

表 2-2-9　车身外观检查项目作业表填写工作计划表

序号	内容	备注
1		
2		
3		
4		
5		

微组织 20：老师检查纠错，学生改正错误。微评价：☆☆☆☆☆

2. 请两人一组模仿老师的情景演练，并将检查结果填写在车身外观检查项目作业表中，见表 2-2-3。

微组织 21：老师检查纠错，学生改正错误。微评价：☆☆☆☆☆

3. 请根据工作计划实施车身外观检查项目作业表的填写，总结检查工作过程中存在的问题，并对产生原因进行简要分析，用铅笔认真写在图 2-2-8 中。

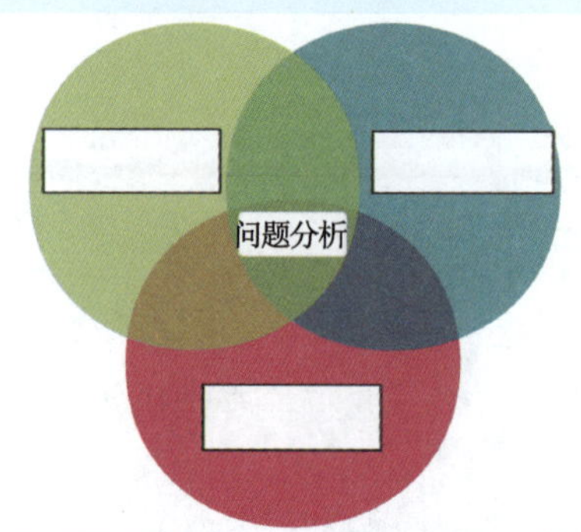

图 2-2-8　车身外观检查项目作业表填写实施问题分析

微组织 22：老师检查纠错，学生改正错误。微评价：☆☆☆☆☆

案例

金属腻子是精修二手车中的特殊修复材料，跟普通钣金腻子不一样的地方在于混入了金属粉末。而传统的钣金修复需要用到腻子，但是如果将腻子换成这种特殊的金属腻子，车商和评估师人手一部的漆膜仪就会检测不出来真实的厚度。金属腻子从原理上把传统的漆膜仪给欺骗了，而且通过喷漆和打磨，可以实现与原厂车漆几乎一致的厚度，所以验收过程中遇到这种精修车，传统漆膜仪不但帮不上忙，还会误导了使用者。因此，市场上有些商家宣称是原版原漆的二手车，未必全都是真的。

任务三　检查发动机舱

流程一　工作准备

请说出工作准备项目与内容，对照表 2-3-1 核对检查，若已准备好，请用铅笔在相应项目内容后的方框里画上“√”；若有遗漏，请补充后画上“√”。

表 2-3-1　检查发动机舱工作准备情况检查表

项目	内容
工作地点	二手车鉴定评估作业场地□
工作设施	2018 款红旗 H5 智联享动车型碰撞事故车□ 套筒扳手组合套具□ 漆膜仪□ 手电筒□ 卷尺□
工作用品	二手车鉴定评估作业表□ 写字板□ 抹布□ 签字笔□

微组织 1：老师检查纠错，学生改正错误。微评价：☆☆☆☆☆

流程二　检查发动机舱清洁状况

1. 请观看老师检查发动机舱清洁状况的情景演练，结合老师讲解、查阅教材及观看相关视频，并将情景演练中的作业过程写到发动机舱清洁状况检查工作计划表中，见表 2-3-2。

表 2-3-2　发动机舱清洁状况检查工作计划表

序号	内容	备注
1		
2		
3		
4		
5		

微组织 2：老师检查纠错，学生改正错误。微评价：☆☆☆☆☆

2. 请两人一组模仿老师的情景演练，并将检查结果填写在发动机舱检查作业表中，见表 2-3-3。

表 2-3-3　发动机舱检查作业表

序号	检查项目	A	B	C	扣分
40	机油有无冷却液混入	无	轻微	严重	
41	缸盖外是否有机油渗漏	无	轻微	严重	
42	前翼子板内缘、水箱框架、横拉梁有无凹凸或修复痕迹	无	轻微	严重	
43	散热器格栅有无破损	无	轻微	严重	
44	蓄电池电极桩柱有无腐蚀	无	轻微	严重	
45	蓄电池电解液有无渗漏、缺少	无	轻微	严重	
46	发动机传动带有无老化	无	轻微	严重	
47	油管、水管有无老化、裂痕	无	轻微	严重	
48	线束有无老化、破损	无	轻微	严重	
49	其他	只描述缺陷，不扣分			

鉴定科目	鉴定结果（得分）	缺陷描述
发动机舱		

微组织 3：老师检查纠错，学生改正错误。微评价：☆☆☆☆☆

3. 请根据工作计划实施发动机舱清洁状况的检查，总结检查工作过程中存在的问题，并对产生原因进行简要分析，用铅笔认真写在图 2-3-1 中。

图 2-3-1　检查发动机舱清洁状况实施问题分析

微组织 4：老师检查纠错，学生改正错误。微评价：☆☆☆☆☆

流程三　检查发动机舱前部

1. 请观看老师检查发动机舱前部的情景演练，结合老师讲解、查阅教材及观看相关视频，并将情景演练中的作业过程写到发动机舱前部检查工作计划表中，见表 2-3-4。

表 2-3-4　发动机舱前部检查工作计划表

序号	内容	备注
1		
2		
3		
4		
5		
6		
7		
8		
9		
10		
11		
12		

微组织 5：老师检查纠错，学生改正错误。微评价：☆☆☆☆☆

2. 请两人一组模仿老师的情景演练，并将检查结果填写在发动机舱检查作业表中，见表 2-3-3。

微组织 6：老师检查纠错，学生改正错误。微评价：☆☆☆☆☆

3. 请根据工作计划实施发动机舱前部的检查，总结检查工作过程中存在的问题，并对产生原因进行简要分析，用铅笔认真写在图 2-3-2 中。

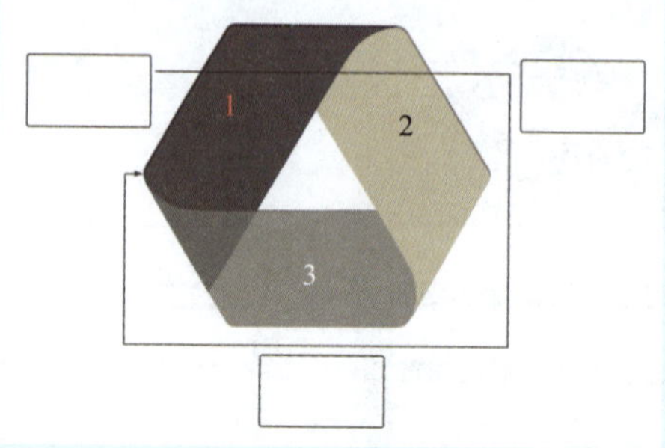

图 2-3-2 发动机舱前部检查实施问题分析

微组织 7：老师检查纠错，学生改正错误。微评价：☆☆☆☆☆

流程四 检查发动机舱冷却系统

1. 请观看老师检查发动机舱冷却系统的情景演练，结合老师讲解、查阅教材及观看相关视频，并将情景演练中的作业过程写到发动机舱冷却系统检查工作计划表中，见表 2-3-5。

表 2-3-5 发动机舱冷却系统检查工作计划表

序号	内容	备注
1		
2		
3		
4		
5		
6		
7		
8		
9		
10		
11		
12		

微组织 8：老师检查纠错，学生改正错误。微评价：☆☆☆☆☆

2. 请两人一组模仿老师的情景演练，并将检查结果填写在发动机舱检查作业表中，见表 2-3-3。

微组织 9：老师检查纠错，学生改正错误。微评价：☆☆☆☆☆

3. 请根据工作计划实施发动机舱冷却系统的检查，总结检查工作过程中存在的问题，并对产生原因进行简要分析，用铅笔认真写在图 2-3-3 中。

图 2-3-3　发动机舱冷却系统检查实施问题分析

微组织 10：老师检查纠错，学生改正错误。微评价：☆☆☆☆☆

流程五　检查发动机润滑系统

1. 请观看老师检查发动机润滑系统的情景演练，结合老师讲解、查阅教材及观看相关视频，并将情景演练中的作业过程写到发动机润滑系统检查工作计划表中，见表 2-3-6。

表 2-3-6　发动机润滑系统检查工作计划表

序号	内容	备注
1		
2		
3		
4		
5		
6		
7		
8		
9		
10		

微组织 11：老师检查纠错，学生改正错误。微评价：☆☆☆☆☆

2. 请两人一组模仿老师的情景演练，并将检查结果填写在发动机舱检查作业表中，见表 2-3-3。

微组织 12：老师检查纠错，学生改正错误。微评价：☆☆☆☆☆

3. 请结合检查过程中的认识，并查询教材，用铅笔认真在图 2-3-4 上写出机油质量良好扩散图标识。

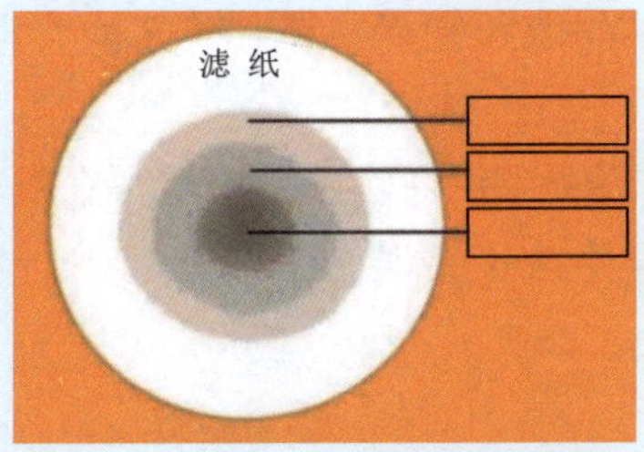

图 2-3-4　机油质量良好扩散图

微组织 13：老师检查纠错，学生改正错误。微评价：☆☆☆☆☆

4. 请根据工作计划实施发动机润滑系统的检查，总结检查工作过程中存在的问题，并对产生原因进行简要分析，用铅笔认真写在图 2-3-5 中。

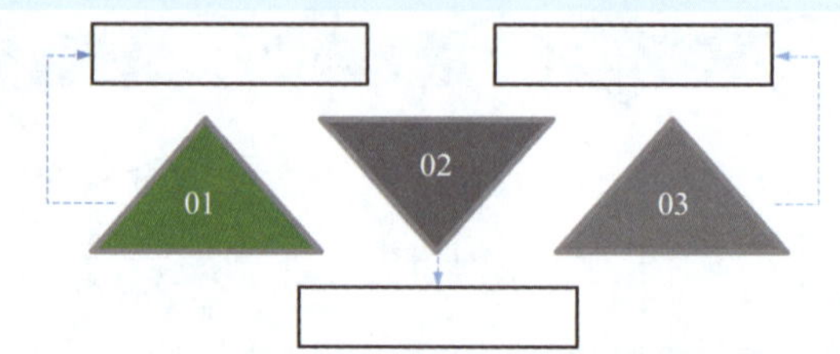

图 2-3-5　检查发动机润滑系统实施问题分析

微组织 14：老师检查纠错，学生改正错误。微评价：☆☆☆☆☆

流程六　检查发动机点火系统

1. 请观看老师检查发动机点火系统的情景演练，结合老师讲解、查阅教材及观看相关视频，并将情景演练中的作业过程写到发动机点火系统检查工作计划表中，见表 2-3-7。

表 2-3-7　发动机点火系统检查工作计划表

序号	内容	备注
1		
2		
3		
4		
5		
6		
7		
8		
9		
10		
11		
12		

微组织 15：老师检查纠错，学生改正错误。微评价：☆☆☆☆☆

2. 请两人一组模仿老师的情景演练，并将检查结果填写在发动机舱检查作业表中，见表 2-3-3。

微组织 16：老师检查纠错，学生改正错误。微评价：☆☆☆☆☆

3. 请根据工作计划实施发动机点火系统的检查，总结检查工作过程中存在的问题，并对产生原因进行简要分析，用铅笔认真写在图 2-3-6 中。

图 2-3-6　检查发动机点火系统实施问题分析

微组织 17：老师检查纠错，学生改正错误。微评价：☆☆☆☆☆

流程七　检查发动机供油系统

1. 请观看老师检查发动机供油系统的情景演练，结合老师讲解、查阅教材及观看相关视频，并将情景演练中的作业过程写到发动机供油系统检查工作计划表中，见表 2-3-8。

表 2-3-8　发动机供油系统检查工作计划表

序号	内容	备注
1		
2		
3		
4		
5		

微组织 18：老师检查纠错，学生改正错误。微评价：☆☆☆☆☆

2. 请两人一组模仿老师的情景演练，并将检查结果填写在发动机舱检查作业表中，见表 2-3-3。

微组织 19：老师检查纠错，学生改正错误。微评价：☆☆☆☆☆

3. 请根据工作计划实施发动机供油系统的检查，总结检查工作过程中存在的问题，并对产生原因进行简要分析，用铅笔认真写在图 2-3-7 中。

图 2-3-7　检查发动机供油系统实施问题分析

微组织 20：老师检查纠错，学生改正错误。微评价：☆☆☆☆☆

流程八　检查发动机进气系统

1. 请观看老师检查发动机进气系统的情景演练，结合老师讲解、查阅教材及观看相关视频，并将情景演练中的作业过程写到发动机进气系统检查工作计划表中，见表 2-3-9。

表 2-3-9　发动机进气系统检查工作计划表

序号	内容	备注
1		
2		
3		
4		
5		

微组织 21：老师检查纠错，学生改正错误。微评价：☆☆☆☆☆

2. 请两人一组模仿老师的情景演练，并将检查结果填写在发动机舱检查作业表中，见表 2-3-3。

微组织 22：老师检查纠错，学生改正错误。微评价：☆☆☆☆☆

3. 请根据工作计划实施发动机进气系统的检查，总结检查工作过程中存在的问题，并对产生原因进行简要分析，用铅笔认真写在图 2-3-8 中。

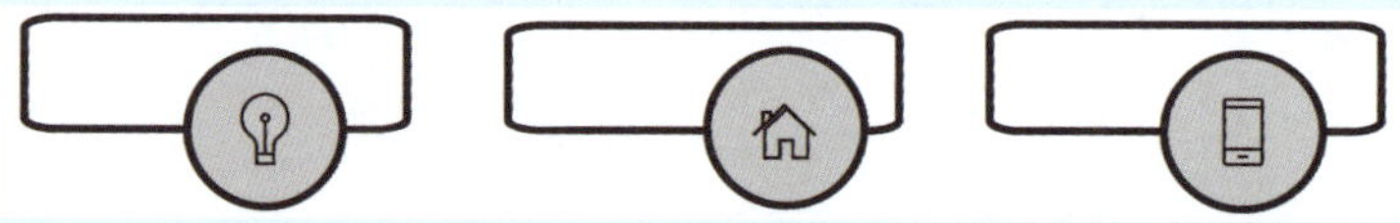

图 2-3-8　检查发动机进气系统实施问题分析

微组织 23：老师检查纠错，学生改正错误。微评价：☆☆☆☆☆

流程九　检查发动机机体附件

1. 请观看老师检查发动机机体附件的情景演练，结合老师讲解、查阅教材及观看相关视频，并将情景演练中的作业过程写到发动机机体附件检查工作计划表中，见表 2-3-10。

表 2-3-10　发动机机体附件检查工作计划表

序号	内容	备注
1		
2		
3		
4		
5		

微组织 24：老师检查纠错，学生改正错误。微评价：☆☆☆☆☆

2. 请两人一组模仿老师的情景演练，并将检查结果填写在发动机舱检查作业表中，见表 2-3-3。

微组织 25：老师检查纠错，学生改正错误。微评价：☆☆☆☆☆

3. 请根据工作计划实施发动机机体附件的检查，总结检查工作过程中存在的问题，并对产生原因进行简要分析，用铅笔认真写在图 2-3-9 中。

图 2-3-9　检查发动机机体附件实施问题分析

微组织 26：老师检查纠错，学生改正错误。微评价：☆☆☆☆☆

流程十　检查发动机舱其他部件

1. 请观看老师检查发动机舱其他部件的情景演练，结合老师讲解、查阅教材及观看相关视频，并将情景演练中的作业过程写到发动机舱其他部件检查工作计划表中，见表 2-3-11。

表 2-3-11　发动机舱其他部件检查工作计划表

序号	内容	备注
1		
2		
3		
4		
5		
6		
7		
8		
9		
10		
11		
12		

微组织 27：老师检查纠错，学生改正错误。微评价：☆☆☆☆☆

2. 请两人一组模仿老师的情景演练，并将检查结果填写在发动机舱检查作业表中，见表 2-3-3。

微组织 28：老师检查纠错，学生改正错误。微评价：☆☆☆☆☆

3. 请根据工作计划实施发动机舱其他部件的检查，总结检查工作过程中存在的问题，并对产生原因进行简要分析，用铅笔认真写在图 2-3-10 中。

图 2-3-10　检查发动机舱其他部件实施问题分析

微组织 29：老师检查纠错，学生改正错误。微评价：☆☆☆☆☆

流程十一　填写发动机舱检查项目作业表

1. 请观看老师填写发动机舱检查项目作业表的情景演练，结合老师讲解、查阅教材及观看相关视频，并将情景演练中的作业过程写到发动机舱检查项目作业表填写工作计划表中，见表 2-3-12。

表 2-3-12　发动机舱检查项目作业表填写工作计划表

序号	内容	备注
1		
2		
3		
4		
5		

微组织 30：老师检查纠错，学生改正错误。微评价：☆☆☆☆☆

2. 请两人一组模仿老师的情景演练，并将检查结果填写在发动机舱检查项目作业表中，见表 2-3-3。

微组织 31：老师检查纠错，学生改正错误。微评价：☆☆☆☆☆

3. 请根据工作计划实施发动机舱检查项目作业表的填写，总结检查工作过程中存在的问题，并对产生原因进行简要分析，用铅笔认真写在图 2-3-11 中。

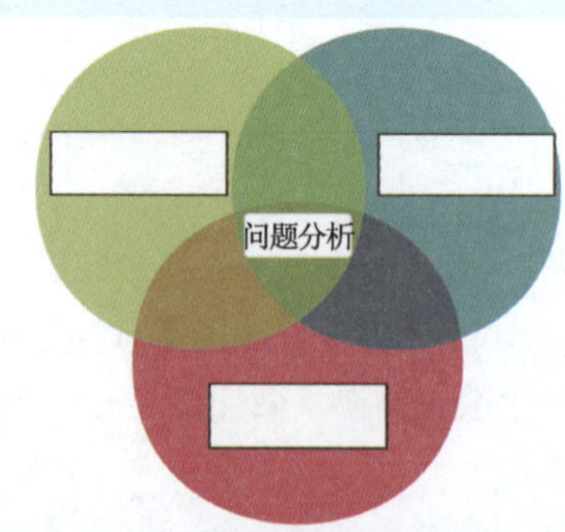

图 2-3-11　发动机舱检查项目作业表填写实施问题分析

微组织 32：老师检查纠错，学生改正错误。微评价：☆☆☆☆☆

案例

二手车商们购车之后都会对车辆进行彻底清洗，内饰清理，翻新，漆面修补，漆面抛光，发动机清洗等。在清洗发动时为了节省成本都会用高压水枪加上具有高腐蚀性的清洁液清洗发动机。高压水枪会对汽车发动机舱内的电子元件造成进水或短路，火花塞点火线圈进水，造成车辆动力不足或直接烧毁汽车电脑。更为重要的一点就是高强度的发动机清洗剂会对发动机舱内的线路进行腐蚀，这种情况当时是不会看出来的，随着线路老化，以后会越来越明显，线路表面的橡胶制品至少会缩短 3 ~ 5 年寿命，因此，购买二手车时，即使发动机舱整洁也需要检查线路及橡胶制品。

任务四　检查驾驶舱

流程一　工作准备

请说出工作准备项目与内容，对照表 2-4-1 核对检查，若已准备好，请用铅笔在相应项目内容后的方框里画上“√”；若有遗漏，请补充后画上“√”。

表 2-4-1　检查驾驶舱工作准备情况检查表

项目	内容
工作地点	二手车鉴定评估作业场地□
工作设施	2018 款红旗 H5 智联享动车型碰撞事故车□ 套筒扳手组合套具□ 漆膜仪□ 手电筒□ 卷尺□
工作用品	二手车鉴定评估作业表□ 写字板□ 抹布□ 签字笔□

微组织 1：老师检查纠错，学生改正错误。微评价：☆☆☆☆☆

流程二　检查操纵机构

1. 请观看老师检查操纵机构的情景演练，结合老师讲解、查阅教材及观看相关视频，并将情景演练中的作业过程写到操纵机构检查工作计划表中，见表 2-4-2。

表 2-4-2　操纵机构检查工作计划表

序号	内容	备注
1		
2		
3		
4		
5		
6		
7		
8		
9		
10		
11		
12		

微组织 2：老师检查纠错，学生改正错误。微评价：☆☆☆☆☆

2. 请两人一组模仿老师的情景演练，并将检查结果填写在驾驶舱检查作业表中，见表 2-4-3。

表 2-4-3　驾驶舱检查项目作业表

序号	检查项目	A	C	扣分
50	车内是否无水泡痕迹	是	否	
51	车内后视镜、座椅是否完整、无破损、功能正常	是	否	
52	车内是否整洁、无异味	是	否	
53	方向盘自由行程转角是否小于 15°	是	否	
54	车顶及周边内饰是否无破损、松动及裂缝和污迹	是	否	
55	仪表台是否无划痕，配件是否无缺失	是	否	
56	变速杆手柄及护罩是否完好、无破损	是	否	
57	储物盒是否无裂痕，配件是否无缺失	是	否	
58	天窗是否移动灵活、关闭正常	是	否	
59	门窗密封条是否良好、无老化	是	否	
60	安全带结构是否完整、功能是否正常	是	否	
61	驻车制动系统是否灵活有效	是	否	
62	玻璃窗升降器、门窗工作是否正常	是	否	
63	左、右后视镜折叠装置工作是否正常	是	否	
64	其他			

鉴定科目	鉴定结果（得分）	缺陷描述
驾驶舱		

微组织 3：老师检查纠错，学生改正错误。微评价：☆☆☆☆☆

3. 请查阅教材和观看视频，结合对检查驾驶舱过程的认识，在表 2-4-1 中用铅笔认真写出操纵机构常见现象。

图 2-4-1　检查驾驶舱操纵机构常见现象

微组织 4：老师检查纠错，学生改正错误。微评价：☆☆☆☆☆

4. 请根据工作计划实施操纵机构的检查，总结检查工作过程中存在的问题，并对产生原因进行简要分析，用铅笔认真写在图 2-4-2 中。

图 2-4-2　检查操纵机构实施问题分析

微组织 5：老师检查纠错，学生改正错误。微评价：☆☆☆☆☆

流程三　检查中控台

1. 请观看老师检查中控台的情景演练，结合老师讲解、查阅教材及观看相关视频，并将情景演练中的作业过程写到中控台检查工作计划表中，见表 2-4-4。

表 2-4-4　中控台检查工作计划表

序号	内容	备注
1		
2		
3		
4		
5		
6		
7		
8		
9		
10		
11		
12		
13		
14		

微组织 6：老师检查纠错，学生改正错误。微评价：☆☆☆☆☆

2. 请两人一组模仿老师的情景演练，并将检查结果填写在驾驶舱检查作业表中，见表 2-4-3。

微组织 7：老师检查纠错，学生改正错误。微评价：☆☆☆☆☆

3. 请根据工作计划实施中控台的检查，总结检查工作过程中存在的问题，并对产生原因进行简要分析，用铅笔认真写在图 2-4-3 中。

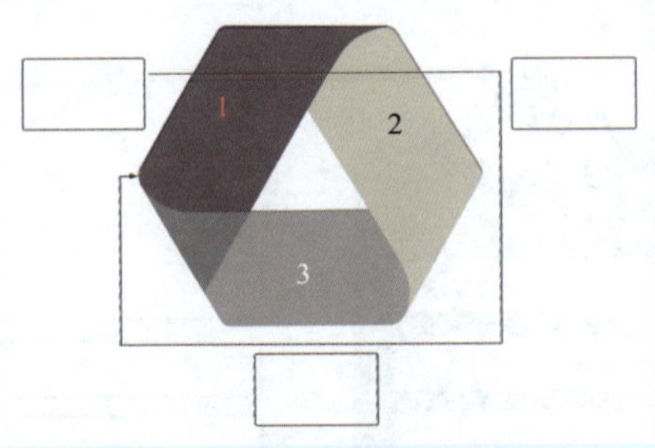

图 2-4-3　中控台检查实施问题分析

微组织 8：老师检查纠错，学生改正错误。微评价：☆☆☆☆☆

流程四　检查电器设备

1. 请观看老师检查电器设备的情景演练，结合老师讲解、查阅教材及观看相关视频，并将情景演练中的作业过程写到电器设备检查工作计划表中，见表 2-4-5。

表 2-4-5　电器设备检查工作计划表

序号	内容	备注
1		
2		
3		
4		
5		
6		
7		
8		
9		
10		
11		
12		
13		
14		
15		
16		
17		
18		
19		
20		
21		
22		
23		
24		
25		

微组织 9：老师检查纠错，学生改正错误。微评价：☆☆☆☆☆

2. 请两人一组模仿老师的情景演练，并将检查结果填写在驾驶舱检查作业表中，见表 2-4-3。

微组织 10：老师检查纠错，学生改正错误。微评价：☆☆☆☆☆

3. 请查阅教材和观看视频，结合对检查电器设备过程的认识，在下方横线上用铅笔认真写出 6 种电器设备常见现象。

1.________________ 2.________________ 3.________________

4.________________ 5.________________ 6.________________

微组织 11：老师检查纠错，学生改正错误。微评价：☆☆☆☆☆

4. 请根据工作计划实施电器设备的检查，总结检查工作过程中存在的问题，并对产生原因进行简要分析，用铅笔认真写在图 2-4-4 中。

图 2-4-4　电器设备检查实施问题分析

微组织 12：老师检查纠错，学生改正错误。微评价：☆☆☆☆☆

流程五　检查座椅

1. 请观看老师检查座椅的情景演练，结合老师讲解、查阅教材及观看相关视频，并将情景演练中的作业过程写到座椅检查工作计划表中，见表 2-4-6。

表 2-4-6　座椅检查工作计划表

序号	内容	备注
1		
2		
3		
4		
5		
6		
7		
8		
9		
10		
11		
12		

微组织 13：老师检查纠错，学生改正错误。微评价：☆☆☆☆☆

2. 请两人一组模仿老师的情景演练，并将检查结果填写在驾驶舱检查作业表中，见表 2-4-3。

微组织 14：老师检查纠错，学生改正错误。微评价：☆☆☆☆☆

3. 请根据工作计划实施座椅的检查，总结检查工作过程中存在的问题，并对产生原因进行简要分析，用铅笔认真写在图 2-4-5 中。

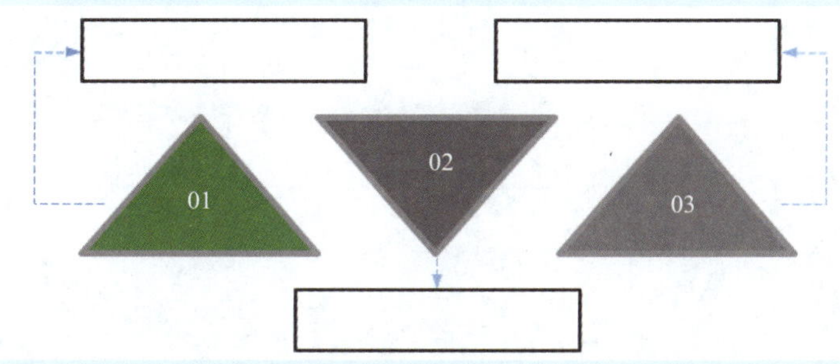

图 2-4-5　检查座椅实施问题分析

微组织 15：老师检查纠错，学生改正错误。微评价：☆☆☆☆☆

流程六　检查车门内饰板及密封条

1. 请观看老师检查车门内饰板及密封条的情景演练，结合老师讲解、查阅教材及观看相关视频，并将情景演练中的作业过程写到车门内饰板及密封检查工作计划表中，见表 2-4-7。

表 2-4-7　车门内饰板及密封条检查工作计划表

序号	内容	备注
1		
2		
3		
4		
5		

微组织 16：老师检查纠错，学生改正错误。微评价：☆☆☆☆☆

2. 请两人一组模仿老师的情景演练，并将检查结果填写在驾驶舱检查作业表中，见表 2-4-3。

微组织 17：老师检查纠错，学生改正错误。微评价：☆☆☆☆☆

3. 请根据工作计划实施车门内饰板及密封条的检查，总结检查工作过程中存在的问题，并对产生原因进行简要分析，用铅笔认真写在图 2-4-6 中。

图 2-4-6　检查车门内饰板及密封条实施问题分析

微组织 18：老师检查纠错，学生改正错误。微评价：☆☆☆☆☆

流程七 检查地板及车顶

1. 请观看老师检查地板及车顶的情景演练，结合老师讲解、查阅教材及观看相关视频，并将情景演练中的作业过程写到地板及车顶检查工作计划表中，见表 2-4-8。

表 2-4-8 地板及车顶检查工作计划表

序号	内容	备注
1		
2		
3		
4		
5		

微组织 19：老师检查纠错，学生改正错误。微评价：☆☆☆☆☆

2. 请两人一组模仿老师的情景演练，并将检查结果填写在驾驶舱检查作业表中，见表 2-4-3。

微组织 20：老师检查纠错，学生改正错误。微评价：☆☆☆☆☆

3. 请根据工作计划实施地板及车顶的检查，总结检查工作过程中存在的问题，并对产生原因进行简要分析，用铅笔认真写在图 2-4-7 中。

图 2-4-7 检查地板及车顶实施问题分析

微组织 21：老师检查纠错，学生改正错误。微评价：☆☆☆☆☆

流程八 填写驾驶舱检查项目作业表

1. 请观看老师填写驾驶舱检查项目作业表的情景演练，结合老师讲解、查阅教材及观看相关视频，并将情景演练中的作业过程写到驾驶舱检查作业表填写工作计划表中，见表 2-4-9。

表 2-4-9 驾驶舱检查作业表填写工作计划表

序号	内容	备注
1		
2		
3		
4		
5		

微组织 22：老师检查纠错，学生改正错误。微评价：☆☆☆☆☆

2. 请两人一组模仿老师的情景演练，并将检查结果填写在驾驶舱检查作业表中，见表 2-4-3。

微组织 22：老师检查纠错，学生改正错误。微评价：☆☆☆☆☆

3. 请根据工作计划实施驾驶舱检查作业表的填写，总结检查工作过程中存在的问题，并对产生原因进行简要分析，用铅笔认真写在图 2-4-8 中。

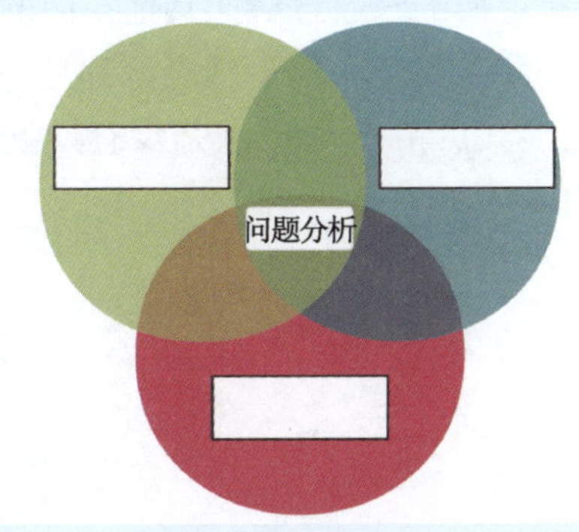

图 2-4-8　驾驶舱检查作业表填写实施问题分析

微组织 23：老师检查纠错，学生改正错误。微评价：☆☆☆☆☆

案例

一台2019年上牌照的沃尔沃S90，车辆上牌照半年，车主在路边卖车，由于是一台半年不到的准新车，内饰也不会有太明显的磨损，发动机变速箱更是不用担心，而且还在厂家的质保期以内，对于这种车，主要来看看有没有事故、泡水、火烧。检查了四扇门的连接螺钉，并没有发现有漆面破损的现象。为什么会说车门有更换呢？通过对比其他车门的手感，发现左后门的门边胶条明显比其他车门要脆一点。而原厂的胶条四个车门手感应该都是一致的，因此，可以初步判断，这辆车的后门是有过更换的。如果检测人员粗心大意，或是没有具备专业知识，以这种修复工艺而言，再加上准新车的加成，检测人员很容易把这种车当成精品车。

任务五　检查行李舱

流程一　工作准备

请说出工作准备项目与内容，对照表 2-5-1 核对检查，若已准备好，请用铅笔在相应项目内容后的方框里画上“√”；若有遗漏，请补充后画上“√”。

表 2-5-1　检查行李舱工作准备情况检查表

项目	内容
工作地点	二手车鉴定评估作业场地□
工作设施	2018 款红旗 H5 智联享动车型碰撞事故车□ 套筒扳手组合套具□ 漆膜仪□ 手电筒□ 卷尺□
工作用品	二手车鉴定评估作业表□ 写字板□ 抹布□ 签字笔□

微组织 1：老师检查纠错，学生改正错误。微评价：☆☆☆☆☆

流程二　检查行李舱盖

1. 请观看老师检查行李舱盖的情景演练，结合老师讲解、查阅教材及观看相关视频，并将情景演练中的作业过程写到行李舱盖检查工作计划表中，见表 2-5-2。

表 2-5-2　行李舱盖检查工作计划表

序号	内容	备注
1		
2		
3		
4		
5		

微组织 2：老师检查纠错，学生改正错误。微评价：☆☆☆☆☆

2. 请两人一组模仿老师的情景演练，并将检查结果填写在车辆功能性部件检查作业表中，见表 2-5-3。

表 2-5-3　车辆功能性部件检查作业表

序号	类别	零部件名称	序号	类别	零部件名称
93	车身外部件	发动机舱盖锁止	105	随车附件	备胎
94		发动机舱盖液压撑杆	106		千斤顶
95		后门 / 行李舱液压支撑杆	107		轮胎扳手及随车工具
96		各车门锁止	108		三角警示牌
97		前后刮水器	109		灭火器
98		立柱密封胶条	110	其他	全套钥匙
99		排气管及消音器	111		遥控器及功能
100		车轮轮毂	112		喇叭高低音色
101	驾驶舱内部件	车内后视镜	113		玻璃加热功能
102		座椅调节及加热			
103		仪表板出风管道			
104		中央集控			

鉴定科目	缺陷描述
车辆功能性部件	

微组织 3：老师检查纠错，学生改正错误。微评价：☆☆☆☆☆

3. 请根据工作计划实施行李舱盖的检查，总结检查工作过程中存在的问题，并对产生原因进行简要分析，用铅笔认真写在图 2-5-1 中。

图 2-5-1　检查行李舱盖实施问题分析

微组织 4：老师检查纠错，学生改正错误。微评价：☆☆☆☆☆

流程三　检查行李舱内部

1. 请观看老师检查行李舱内部的情景演练，结合老师讲解、查阅教材及观看相关视频，并将情景演练中的作业过程写到行李舱内部检查工作计划表中，见表 2-5-4。

表 2-5-4　行李舱内部检查工作计划表

序号	内容	备注
1		
2		
3		
4		
5		
6		
7		
8		
9		
10		
11		
12		
13		
14		
15		

微组织 5：老师检查纠错，学生改正错误。微评价：☆☆☆☆☆

2. 请两人一组模仿老师的情景演练，并将检查结果填写在车辆功能性部件检查项目作业表中，见表 2-5-3。

微组织 6：老师检查纠错，学生改正错误。微评价：☆☆☆☆☆

3. 请查阅教材和观看视频，结合对检查行李舱内部过程的认识，在图 2-5-2 中用铅笔认真写出 6 种行李舱内部常见现象。

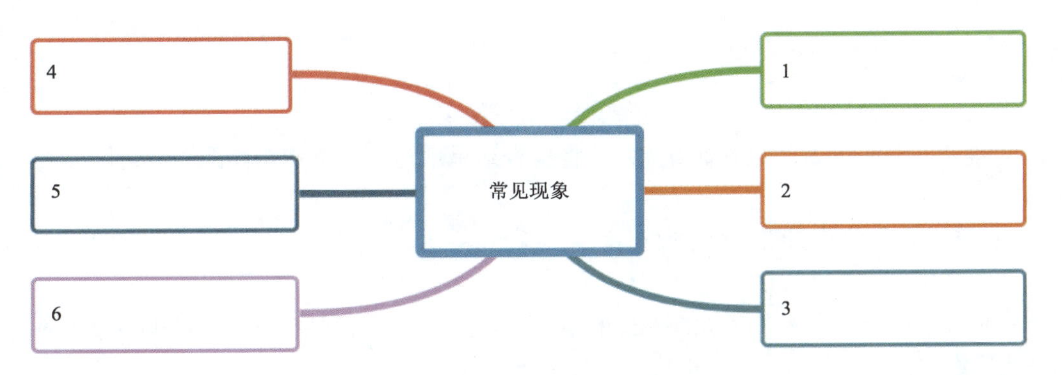

图 2-5-2　行李舱内部常见现象

3. 请根据工作计划实施行李舱内部的检查，总结检查工作过程中存在的问题，并对产生原因进行简要分析，用铅笔认真写在图 2-5-3 中。

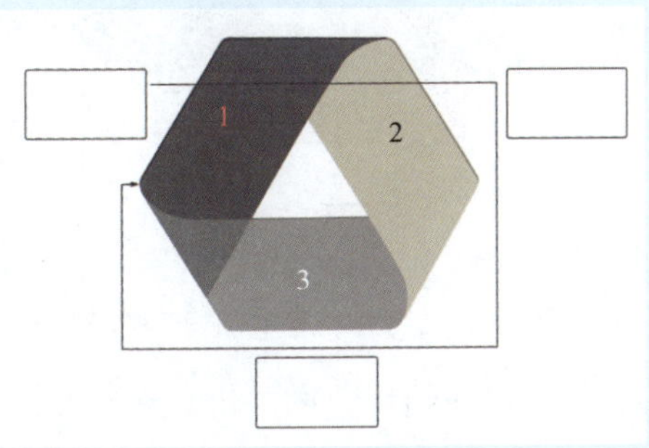

图 2-5-3　行李舱内部检查实施问题分析

微组织 7：老师检查纠错，学生改正错误。微评价：☆☆☆☆☆

流程四　填写车辆功能性部件检查作业表

1. 请观看老师填写车辆功能性部件检查作业表的情景演练，结合老师讲解、查阅教材及观看相关视频，并将情景演练中的作业过程写到车辆功能性部件检查作业表填写工作计划表中，见表 2-5-5。

表 2-5-5　车辆功能性部件检查作业表填写工作计划表

序号	内容	备注
1		
2		
3		
4		
5		

微组织 8：老师检查纠错，学生改正错误。微评价：☆☆☆☆☆

2. 请两人一组模仿老师的情景演练，并将检查结果填写在车辆功能性部件检查作业表中，见表 2-5-3。

微组织 9：老师检查纠错，学生改正错误。微评价：☆☆☆☆☆

3. 请根据工作计划实施车辆功能性部件检查作业表的填写，总结检查工作过程中存在的问题，并对产生原因进行简要分析，用铅笔认真写在图 2-5-4 中。

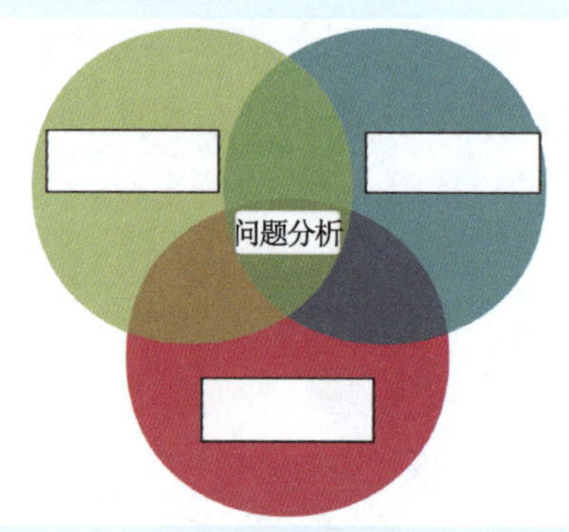

图 2-5-4　车辆功能性部件检查作业表填写实施问题分析

微组织 10：老师检查纠错，学生改正错误。微评价：☆☆☆☆☆

案例

常规情况下，发动机盖螺钉表面的漆一旦有破损，基本都判断为螺钉已拆卸过，反之，螺钉漆面完好，多数情况下我们就判断为螺钉是没有拆卸过的。正因如此，很多修理厂都会进行伪装，也就是把原来漆面破损之后的螺钉，给重新喷漆，给人一种没拆卸过的错觉。实则，这辆车的发动机盖是拆过的，发动机盖螺钉就是经过喷漆修复的，而且修复工艺很不错，从喷漆效果而言，基本看不出毛病。这种人为喷上去的且浮灰也显得很正常，因此，当时也没能准确判断出这辆车发动机盖是拆过的。接着，又检查了水箱、吸能盒、发动机基座、前照灯等，都没有发现任何问题。就在快要认为这车就是一台精品车时，一个假焊点，打破了之前所有的猜想。这辆车左侧加强梁的焊点为原厂焊点，之所以说是原厂焊点，主要是因为这个焊点的周边有一圈焊渣，而这个焊渣，正是正常焊接时留下来的。再来看右边同样的位置，看这个焊点，整个焊点底部有非常明显的打磨痕迹，而且焊点周边也没有焊接产生的焊渣综合判断：该车右侧加强梁为假焊点加强梁，是有过切割修复的。这么看来：之前看到的发动机盖没拆、水箱没换、大灯没换都是假的。

任务六　检查车辆底盘

流程一　工作准备

请说出工作准备项目与内容，对照表 2-6-1 核对检查，若已准备好，请用铅笔在相应项目内容后的方框里画上“√”；若有遗漏，请补充后画上“√”。

表 2-6-1　检查车辆底盘工作准备情况检查表

项目	内容
工作地点	二手车鉴定评估作业场地 □
工作设施	2018 款红旗 H5 智联享动车型碰撞事故车 □ 套筒扳手组合套具 □ 轮胎花纹深度测量仪 □ 手电筒 □ 制动片检测尺 □
工作用品	二手车鉴定评估作业表 □ 写字板 □ 抹布 □ 签字笔 □

微组织 1：老师检查纠错，学生改正错误。微评价：☆☆☆☆☆

流程二　检查底盘泄露

1. 请观看老师检查底盘泄露的情景演练，结合老师讲解、查阅教材及观看相关视频，并将情景演练中的作业过程写到底盘泄露检查工作计划表中，见表 2-6-2。

表 2-6-2　底盘泄露检查工作计划表

序号	内容	备注
1		
2		
3		
4		
5		
6		
7		
8		
9		
10		
11		
12		
13		
14		

微组织 2：老师检查纠错，学生改正错误。微评价：☆☆☆☆☆

2. 请两人一组模仿老师的情景演练，并将检查结果填写在底盘检查作业表中，见表 2-6-3。

表 2-6-3　底盘检查作业表

序号	检查项目	A	C
85	发动机油底壳是否无渗漏	是	否
86	变速箱体是否无渗漏	是	否
87	转向节臂球销是否无松动	是	否
88	三角臂球销是否无松动	是	否
89	传动轴十字轴是否无松旷	是	否
90	减振器是否无渗漏	是	否
91	减振弹簧是否无损坏	是	否
92	其他	只描述缺陷，不扣分	

鉴定科目	鉴定结果（得分）	缺陷描述
底盘检查		

3. 请查阅教材和观看视频，结合对检查底盘泄露过程的认识，在图 2-6-1 中用铅笔认真写出 6 种底盘泄露常见现象。

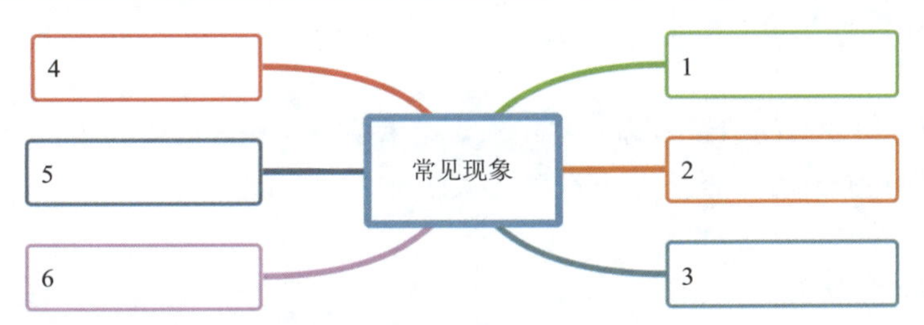

图 2-6-1　底盘泄露常见现象

微组织 3：老师检查纠错，学生改正错误。微评价：☆☆☆☆☆

3. 请根据工作计划实施底盘泄露状况的检查，总结检查工作过程中存在的问题，并对产生原因进行简要分析，用铅笔认真写在图 2-6-2 中。

图 2-6-2　检查底盘泄露实施问题分析

微组织 4：老师检查纠错，学生改正错误。微评价：☆☆☆☆☆

流程三　检查转向机构

1. 请观看老师检查转向机构的情景演练，结合老师讲解、查阅教材及观看相关视频，并将情景演练中的作业过程写到转向机构检查工作计划表中，见表 2-6-4。

表 2-6-4　转向机构查工作计划表

序号	内容	备注
1		
2		
3		
4		
5		
6		
7		
8		
9		
10		

微组织 5：老师检查纠错，学生改正错误。微评价：☆☆☆☆☆

2. 请两人一组模仿老师的情景演练，并将检查结果填写在底盘检查作业表中，见表 2-6-3。

微组织 6：老师检查纠错，学生改正错误。微评价：☆☆☆☆☆

3. 请根据工作计划实施转向机构的检查，总结检查工作过程中存在的问题，并对产生原因进行简要分析，用铅笔认真写在图 2-6-3 中。

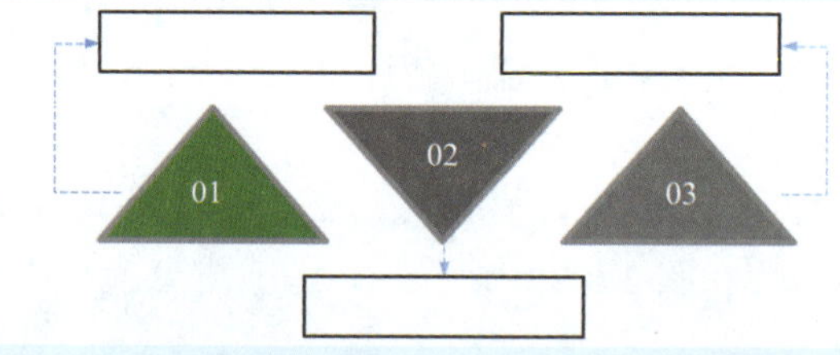

图 2-6-3　转向机构检查作业表填写实施问题分析

微组织 7：老师检查纠错，学生改正错误。微评价：☆☆☆☆☆

流程四　检查车轮

1. 请观看老师检查车轮的情景演练，结合老师讲解、查阅教材及观看相关视频，并将情景演练中的作业过程写到车轮检查工作计划表中，见表 2-6-5。

表 2-6-5　车轮检查工作计划表

序号	内容	备注
1		
2		
3		
4		
5		
6		
7		
8		
9		
10		

微组织 8：老师检查纠错，学生改正错误。微评价：☆☆☆☆☆

2. 请两人一组模仿老师的情景演练，并将检查结果填写在底盘检查作业表中，见表 2-6-3。

微组织 9：老师检查纠错，学生改正错误。微评价：☆☆☆☆☆

3. 请结合检查过程中的认识，并查询教材，用铅笔认真在图 2-6-4 上写出车轮出厂日期的读取方法，并在下方横线上写出该轮胎的出厂日期。

图 2-6-4　车轮出厂日期

____

微组织 10：老师检查纠错，学生改正错误。微评价：☆☆☆☆☆

4. 请根据工作计划实施车轮的检查，总结检查工作过程中存在的问题，并对产生原因进行简要分析，用铅笔认真写在图 2-6-5 中。

图 2-6-5　车轮检查实施问题分析

微组织 11：老师检查纠错，学生改正错误。微评价：☆☆☆☆☆

流程五　检查悬架

1. 请观看老师检查悬架的情景演练，结合老师讲解、查阅教材及观看相关视频，并将情景演练中的作业过程写到悬架检查工作计划表中，见表 2-6-6。

表 2-6-6　悬架检查工作计划表

序号	内容	备注
1		
2		
3		
4		
5		
6		
7		
8		
9		
10		
11		
12		
13		
14		
15		

微组织 12：老师检查纠错，学生改正错误。微评价：☆☆☆☆☆

2. 请两人一组模仿老师的情景演练，并将检查结果填写在底盘检查作业表中，见表 2-6-3。

微组织 13：老师检查纠错，学生改正错误。微评价：☆☆☆☆☆

3. 请根据工作计划实施悬架的检查，总结检查工作过程中存在的问题，并对产生原因进行简要分析，用铅笔认真写在图 2-6-6 中。

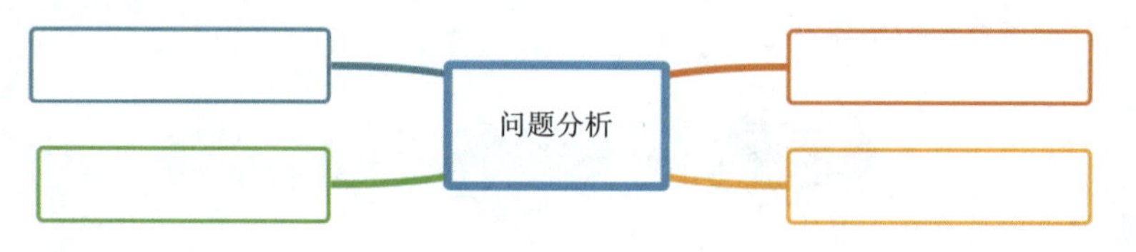

图 2-6-6　检查悬架实施问题分析

微组织 14：老师检查纠错，学生改正错误。微评价：☆☆☆☆☆

流程六　填写底盘检查作业表

1. 请观看老师填写底盘检查项目作业表的情景演练，结合老师讲解、查阅教材及观看相关视频，并将情景演练中的作业过程写到底盘检查作业表填写工作计划表中，见表 2-6-7。

表 2-6-7　底盘检查作业表填写工作计划表

序号	内容	备注
1		
2		
3		
4		
5		

微组织 15：老师检查纠错，学生改正错误。微评价：☆☆☆☆☆

2. 请两人一组模仿老师的情景演练，并将检查结果填写在底盘检查作业表中，见表 2-6-3。

微组织 16：老师检查纠错，学生改正错误。微评价：☆☆☆☆☆

3. 请根据工作计划实施底盘检查作业表的填写，总结检查工作过程中存在的问题，并对产生原因进行简要分析，用铅笔认真写在图 2-6-7 中。

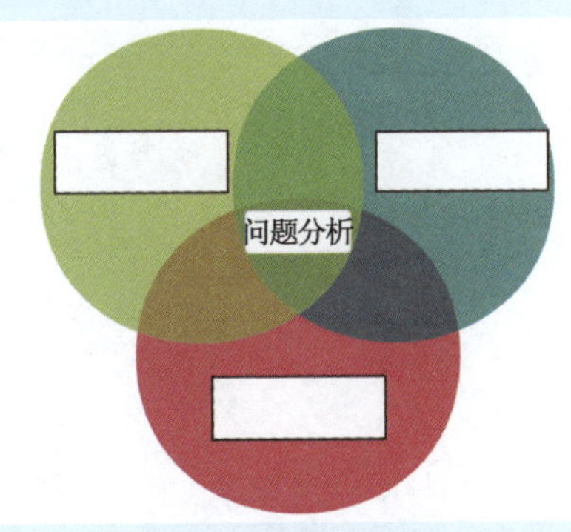

图 2-6-7　底盘检查作业表填写实施问题分析

微组织 17：老师检查纠错，学生改正错误。微评价：☆☆☆☆☆

案例

焊点精修主要有两种，第一种是刮腻子粉，刮完腻子粉再用工具按压出焊点的形状，再喷漆。面对这种刮腻子粉再弄焊点的情况，可以用漆膜仪去测焊点的漆面厚度，腻子粉太厚，喷漆之后很容易爆漆。第二种就是用工具钻压焊点，然后钻完再喷漆。这种处理焊点的方法，用漆膜仪是测不出钣金的，这时需要前后左右对比，看看四门柱焊点是否相同，原厂焊点凹坑是有一定倾斜的，里外焊点位置基本是对得上，且不只是看焊点，还要看焊点附近是否平整，有无弯曲变形痕迹。接下来比较重要的是焊接精修复，这是精修车精髓所在，一般焊接精修复后漆面厚度可以达到 100 多微米，表面看不出钣金修复痕迹，精修后的焊点，非常的规整，深度也比较浅。

任务七　查询车辆使用记录

流程一　工作准备

请说出工作准备项目与内容，对照表 2-7-1 核对检查，若已准备好，请用铅笔在相应项目内容后的方框里画上“√”；若有遗漏，请补充后画上“√”。

表 2-7-1　查询车辆使用记录工作准备情况检查表

项目	内容
工作地点	二手车鉴定评估作业场地□
工作设施	2018 款红旗 H5 智联享动车型碰撞事故车□
工作用品	计算机□　打印机□　写字板□　查询软件□

微组织 1：老师检查纠错，学生改正错误。微评价：☆☆☆☆☆

流程二　查询车辆使用记录

1. 请观看老师查询车辆使用记录的情景演练，结合老师讲解、查阅教材及观看相关视频，并将情景演练中的作业过程写到车辆使用记录查询工作计划表中，见表 2-7-2。

表 2-7-2　车辆使用记录查询工作计划表

序号	内容	备注
1		
2		
3		
4		
5		
6		
7		

微组织 2：老师检查纠错，学生改正错误。微评价：☆☆☆☆☆

2. 请两人一组模仿老师的情景演练，并将查询结果填写下面的方格中。

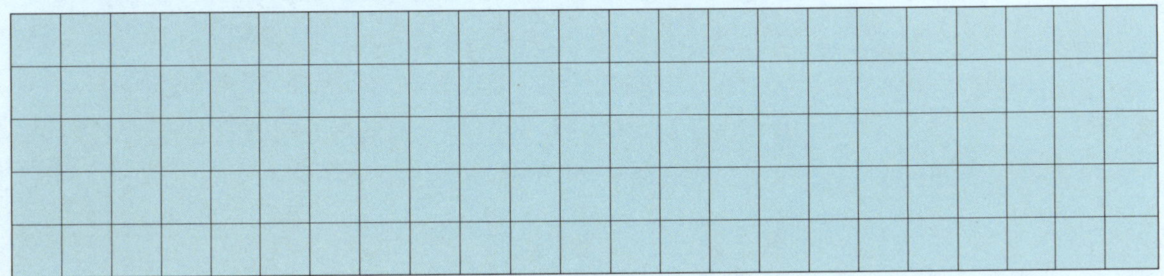

微组织 3：老师检查纠错，学生改正错误。微评价：☆☆☆☆☆

3. 请查阅教材和观看视频，结合对车辆使用记录查询过程的认识，在图 2-7-1 中用铅笔认真写出 4 种你所知道的查询软件。

图 2-7-1　车辆使用记录查询软件

微组织 4：老师检查纠错，学生改正错误。微评价：☆☆☆☆☆

4. 请总结实施情景演练工作过程中存在的问题，并对产生原因进行简要分析，用铅笔认真写在图 2-7-2 中。

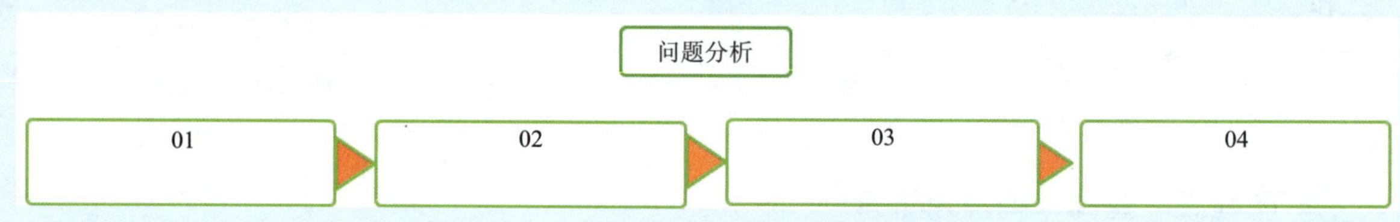

图 2-7-2　查询车辆使用记录实施问题分析

微组织 5：老师检查纠错，学生改正错误。微评价：☆☆☆☆☆

案例

一辆宝马 X3，整车的漆面检测正常，车辆查询记录与车主描述一致，但仍需要检查看一看。看翼子板固定螺钉没有任何拆卸痕迹，减振螺栓有拆卸，先预测可能是换过减振器，把减振顶角螺钉的黑色螺母拆下来一看竟然生锈了。但是，有些车主对车辆不是很了解，却很爱惜车辆，经常使用水来清洗发动机舱，可能会造成发动机舱内生锈的情况。那么继续检查发现该车的 ABS 泵是 2012 年出厂，而该车的出厂日期是 2013 年底，时间差距较大，那该 ABS 泵应该为拆车件。

任务八　检查调表车

流程一　工作准备

请说出工作准备项目与内容，对照表 2-8-1 核对检查，若已准备好，请用铅笔在相应项目内容后的方框里画上“√”；若有遗漏，请补充后画上“√”。

表 2-8-1　检查调表车工作准备情况检查表

项目	内容
工作地点	二手车鉴定评估作业场地□
工作设施	2018 款红旗 H5 智联享动车型碰撞事故车□ 套筒扳手组合套具□ 故障诊断仪□ 手电筒□ 举升机□
工作用品	二手车鉴定评估作业表□ 写字板□ 抹布□ 签字笔□

微组织 1：老师检查纠错，学生改正错误。微评价：☆☆☆☆☆

流程二　查询维修保养记录

1. 请观看老师查询维修保养记录的情景演练，结合老师讲解、查阅教材及观看相关视频，并将情景演练中的作业过程写到维修保养记录查询工作计划表中，见表 2-8-2。

表 2-8-2　维修保养记录查询工作计划表

序号	内容	备注
1		
2		
3		
4		
5		
6		
7		

微组织 2：老师检查纠错，学生改正错误。微评价：☆☆☆☆☆

2. 请两人一组模仿老师的情景演练，并将查询结果填写下面的方格中。

微组织 3：老师检查纠错，学生改正错误。微评价：☆☆☆☆☆

3. 请查阅教材和观看视频，结合对车辆使用记录查询过程的认识，在下面的横线上用铅笔认真写出车辆里程表调校原因。

（1）调高：____

（2）调低：____

微组织 4：老师检查纠错，学生改正错误。微评价：☆☆☆☆☆

4. 请总结实施情景演练工作过程中存在的问题，并对产生原因进行简要分析，用铅笔认真写在图 2-8-1 中。

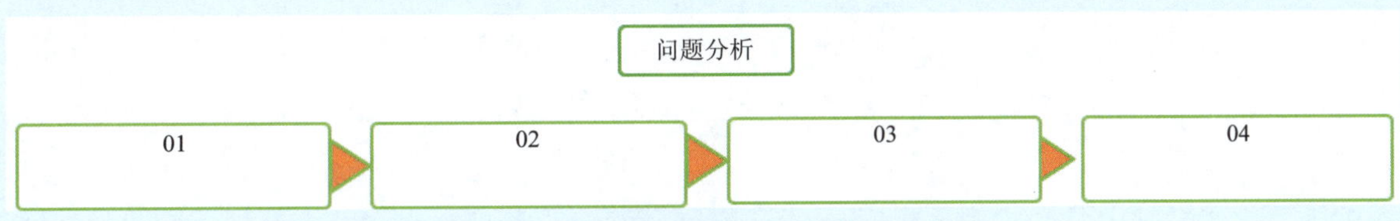

图 2-8-1　查询维修保养记录实施问题分析

微组织 5：老师检查纠错，学生改正错误。微评价：☆☆☆☆☆

案例

林先生一辆雷克萨斯二手汽车，售价 65 万元，车辆仪表盘显示里程数只有 5.8 万 km，可实际行驶里程却是 9 万 km。然而，面对市民林先生的质疑，二手车行却回复："现在的二手车十辆有九辆调过里程数，没有人会去关注。"发现真相后，林先生一怒之下，起诉到湖里区人民法院，状告二手车行"欺诈"，要求其"退一赔三"。这场官司，历经了一审、二审和再审。近日，购车人林先生终于胜诉。法院审理认为，人为更改仪表数据行为构成欺诈，判决支持林先生要求"退一赔三"的诉讼请求。

项目三　鉴别车辆动态技术状况

项目任务单

项目描述	完成 2018 款红旗 H5 智联享动车型车辆的动态技术状况鉴定
项目要求	符合国家二手车鉴定评估技术规范，完成 2018 款红旗 H5 智联享动车型车辆动态技术状况的鉴定评估。 （1）检查发动机工作性能； （2）检查车辆路试技术状况； （3）检查车辆路试后技术状况
学习目标	（1）能够准确地说出发动机启动性能检查要求、发动机无负荷工况检查要求； （2）能够准确地说出路试检查原则及检查项目； （3）能够准确地说出路试后“四漏”检查内容； （4）能够规范地检查发动机启动性能并记录检查结果； （5）能够规范地检查发动机无负荷工况性能并记录检查结果； （6）能够规范地进行路试检查并记录检查结果； （7）能够规范地检查路试后车辆技术状况并记录检查结果； （8）能够养成自觉遵守岗位职责和要求规定、规范行为、安全、环保、“5S”作业、团结协作的好习惯； （9）树立坚韧勤勉的工作观
项目载体	鉴定评估师杨帆在静态技术鉴定结束后，将张先生的车辆开至动态技术状况鉴定场地停稳熄火，鉴定评估师助理高尚再次检查机油液位、冷却液液位及质量、制冷液液位及质量、燃油箱油量均合格，检查冷却风扇传动带、制动踏板及制动灯、轮胎胎压均正常，结束路试前准备工作，告知杨帆可以进行动态技术状况鉴定 
计划学时	12~16 学时

<table>
<tr><td rowspan="2">工作页</td><td>上课地点</td><td></td><td>学生姓名</td><td></td><td>完成 / 未完成</td></tr>
<tr><td>任课教师</td><td></td><td>上课时间</td><td></td><td>优 / 良 / 中 / 及格</td></tr>
</table>

项目导入

一、读一读

新车路试是最应该买一份车辆尾部意外险的，因为测试路段包括高环路、凸凹包石路、越野路段、坡路、搓板路、单边桥、碎石路、湿滑路面、鹅卵石路、共振路面等。要对整车在低速下的震动表现、共振路况下的表现、异响表现、稳定性表现进行检查，还要对中高速下的汽车稳定性、静谧性等进行测试，以及扭曲路，检测车辆是否存在异响、车辆刚性是否合格等。其中高环路段是对车辆高速状态下 NVH 表现最直观的测试，包括比亚迪、魏派都已经有自己的高环测试道路。此外还有 ABS 测试、ESP 测试、紧急制动、紧急变道等路段，对汽车极限性能做全方位的检测。路试班还包括体验晴天降暴雨、房间喷粉尘等服务，多角度淋雨、粉尘测试都是为了检验汽车密封性是否合格。

请思考：新车在出厂需进行路试，二手车的鉴定与评估是否需要路试，路试的内容与新车有何不同？

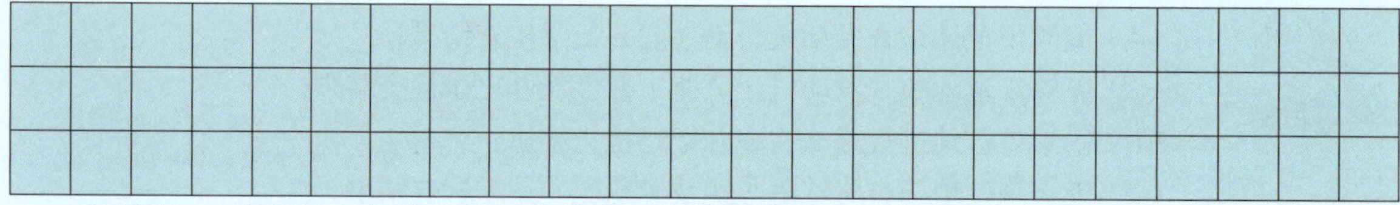

微组织 1：老师检查纠错，学生改正错误。微评价：☆☆☆☆☆

二、想一想

请认真翻阅《二手车鉴定评估技术规范》，查询网络资料，在下面的方格中写出路试前所需要做的准备。

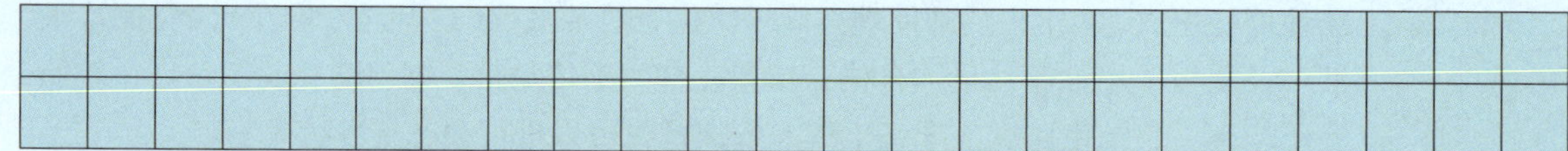

微组织 2：老师检查纠错，学生改正错误。微评价：☆☆☆☆☆

三、职业标准与岗位要求

请大声说出职业标准与岗位要求，同时进行自检和互检。若已完成，请用铅笔在方框内打“√”。

☐ 遵纪守法，廉洁自律。

☐ 客观独立，公正科学。

☐ 诚实守信，规范服务。

☐ 客户至上，保守秘密。

☐ 团队合作，锐意进取。

☐ 操作规范，保证安全。

☐ 进入工作场地，工装穿着整洁，佩戴工牌。

☐ 进入工作场地后，严禁摆弄与本次工作无关的设备和工具，严禁嬉戏打闹。

微组织 3：老师检查纠错，学生改正错误。微评价：☆☆☆☆☆

项目实施

任务一　检查发动机工作性能

流程一　工作准备

请说出工作准备项目与内容，对照表 3-1-1 核对检查，若已准备好，请用铅笔在相应项目内容后的方框里画上“√”；若有遗漏，请补充后画上“√”。

表 3-1-1　检查发动机工作性能工作准备情况检查表

项目	内容
工作地点	二手车鉴定评估作业场地 □
工作设施	2018 款红旗 H5 智联享动车型□　套筒扳手组合套具 □　手电筒 □　曲轴箱窜气测量仪 □
工作用品	二手车鉴定评估作业表 □　写字板　□抹布 □　签字笔□

微组织 1：老师检查纠错，学生改正错误。微评价：☆☆☆☆☆

流程二　检查发动机启动性能

1. 请观看老师检查发动机启动性能的情景演练，结合老师讲解、查阅教材及观看相关视频，并将情景演练中的作业过程写到发动机启动性能检查工作计划表中，见表 3-1-2。

表 3-1-2　发动机启动性能检查工作计划表

序号	内容	备注
1		
2		
3		
4		
5		
6		
7		
8		

微组织 2：老师检查纠错，学生改正错误。微评价：☆☆☆☆☆

2. 请两人一组模仿老师的情景演练，并将检查结果填写在启动检查项目作业表中，见表 3-1-3。

表 3-1-3　启动检查项目作业表

序号	检查项目		A	C
65	车辆启动是否顺畅时间少于 5 s，或一次启动		是	否
66	仪表板指示灯显示是否正常，无故障报警		是	否
67	各类灯光和调节功能是否正常		是	否
68	泊车辅助系统工作是否正常		是	否
69	制动防抱死系统（ABS）工作是否正常		是	否
70	空调系统风量、方向调节、分区控制、自动控制、制冷工作是否正常		是	否
71	发动机在冷、热车条件下怠速运转是否稳定		是	否
72	怠速运转时发动机是否无异响，空挡状态下逐渐增加发动机转速，发动机声音过渡是否无异响		是	否
73	车辆排气是否无异常		是	否
74	其他		只描述缺陷，不扣分	
鉴定科目		鉴定结果得分	描述	
启动检查				

微组织 3：老师检查纠错，学生改正错误。微评价：☆☆☆☆☆

3. 请在下面的方格中，用铅笔认真地写出发动机启动性能检查要求。

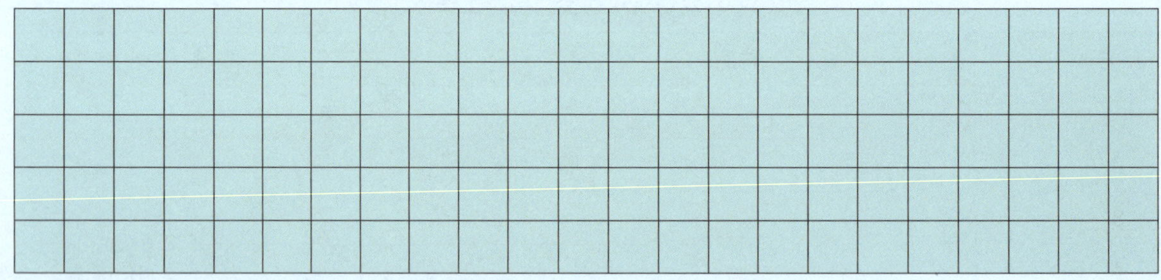

微组织 4：老师检查纠错，学生改正错误。微评价：☆☆☆☆☆

4. 请根据工作计划实施启动性能的检查，总结检查工作过程中存在的问题，并对产生原因进行简要分析，用铅笔认真写在图 3-1-1 中。

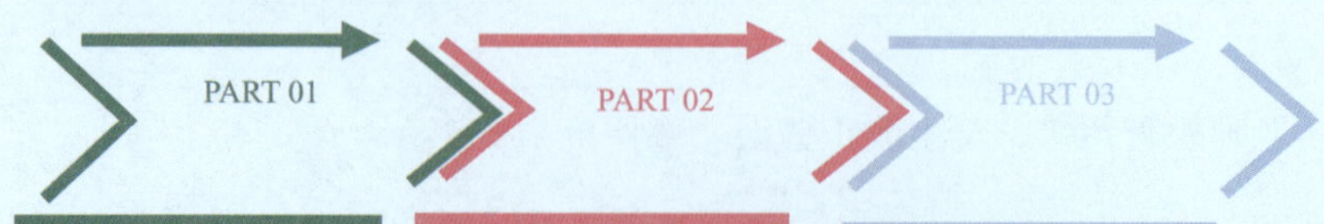

图 3-1-1　检查发动机启动性能实施问题分析

微组织 5：老师检查纠错，学生改正错误。微评价：☆☆☆☆☆

流程三　检查发动机无负荷工况

1. 请观看老师检查发动机无负荷工况的情景演练，结合老师讲解、查阅教材及观看相关视频，并将情景演练中的作业过程写到发动机无负荷工况检查工作计划表中，见表 3-1-4。

表 3-1-4　发动机无负荷工况检查工作计划表

序号	内容	备注
1		
2		
3		
4		
5		
6		
7		
8		
9		
10		
11		
12		
13		
14		
15		
16		
17		
18		
19		
20		

微组织 6：老师检查纠错，学生改正错误。微评价：☆☆☆☆☆

2. 请两人一组模仿老师的情景演练，并将检查结果填写在启动检查项目作业表中，见表 3-1-3。

微组织 7：老师检查纠错，学生改正错误。微评价：☆☆☆☆☆

3. 请根据工作计划实施发动机无负荷工况的检查，总结检查工作过程中存在的问题，并对产生原因进行简要分析，用铅笔认真写在图 3-1-2 中。

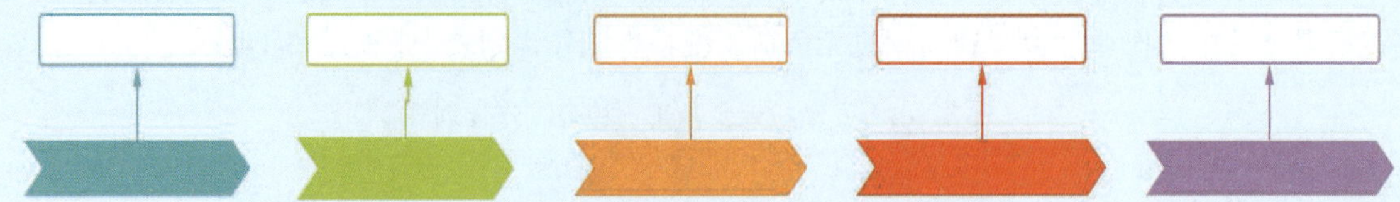

图 3-1-2　发动机无负荷工况检查实施问题分析

微组织 8：老师检查纠错，学生改正错误。微评价：☆☆☆☆☆

流程四　填写启动检查项目作业表

1. 请观看老师填写启动检查项目作业表的情景演练，结合老师讲解、查阅教材及观看相关视频，并将情景演练中的作业过程写到启动检查项目作业表填写工作计划表中，见表 3-1-5。

表 3-1-5　启动检查项目作业表填写工作计划表

序号	内容	备注
1		
2		
3		
4		
5		

微组织 9：老师检查纠错，学生改正错误。微评价：☆☆☆☆☆

2. 请两人一组模仿老师的情景演练，并将检查结果填写在启动检查项目作业表中，见表 3-1-3。

微组织 10：老师检查纠错，学生改正错误。微评价：☆☆☆☆☆

3. 请根据工作计划实施启动检查项目作业表的填写，总结检查工作过程中存在的问题，并对产生原因进行简要分析，用铅笔认真写在图 3-1-3 中。

图 3-1-3　启动检查项目作业表填写实施问题分析

微组织 11：老师检查纠错，学生改正错误。微评价：☆☆☆☆☆

案例

随着国六排放标准的实施，颗粒捕捉器这一名词逐渐进入大众视野。颗粒捕捉器就是一种陶瓷过滤器，它可以有效过滤汽车尾气中的细小颗粒，捕获和储存排气烟尘，以减少碳排放量。延长颗粒捕捉器寿命的方法有很多，除了养成良好的用车习惯，还要学会利用颗粒捕捉器的再生功能。当检测到颗粒捕捉器堵塞时，车子会进入恢复颗粒捕捉器的程序，车子自己就会提高排气管的温度或压力，将颗粒物烧掉或者排出去。这个过程叫颗粒捕捉器再生，也就是颗粒捕捉器自清洁功能。勤换空气滤芯、使用高标号燃油、低灰分机油可有效降低灰分摄入。在城市经常遇到拥堵的路况下，并不一定能达到再生工序的工作温度。而跑高速时速度快，发动机的转速高，排气的压力大、温度高，堵塞的颗粒就会被高压的排气排出去或者被高温燃烧掉。

任务二　检查车辆路试技术状况

流程一　工作准备

请说出工作准备项目与内容，对照表 3-2-1 核对检查，若已准备好，请用铅笔在相应项目内容后的方框里画上“√”；若有遗漏，请补充后画上“√”。

表 3-2-1　检查车辆路试技术状况工作准备情况检查表

项目	内容
工作地点	车辆路试场地 □
工作设施	2018 款红旗 H5 智联享动车型套筒扳手组合套具 □　手电筒 □　秒表 □　卷尺 □
工作用品	二手车鉴定评估作业表 □　写字板　□抹布 □　签字笔□

微组织 1：老师检查纠错，学生改正错误。微评价：☆☆☆☆☆

流程二　检查自动变速器

1. 请观看老师检查自动变速器的情景演练，结合老师讲解、查阅教材及观看相关视频，并将情景演练中的作业过程写到自动变速器检查工作计划表中，见表 3-2-2。

表 3-2-2　自动变速器检查工作计划表

序号	内容	备注
1		
2		
3		
4		
5		
6		
7		
8		
9		
10		
11		
12		
13		

微组织 2：老师检查纠错，学生改正错误。微评价：☆☆☆☆☆

2. 请两人一组模仿老师的情景演练，并将检查结果填写在“路试检查项目作业表”中，见表 3-2-3。

表 3-2-3　路试检查项目作业表

序号	检查项目		A	C
75	发动机运转、加速是否正常		是	否
76	车辆启动前踩下制动踏板，保持 5 ～ 10s，踏板无向下移动的现象		是	否
77	踩住制动踏板启动发动机，踏板是否向下移动		是	否
78	行车制动系最大制动效能在踏板全行程的 4/5 以内达到		是	否
79	行驶是否无跑偏		是	否
80	制动系统工作是否正常有效、制动不跑偏		是	否
81	变速箱工作是否正常、无异响		是	否
82	行驶过程中车辆底盘部位是否无异响		是	否
83	行驶过程中车辆转向部位是否无异响		是	否
84	其他		只描述缺陷，不扣分	
鉴定科目		鉴定结果（得分）	缺陷描述	
启动检查				

微组织 3：老师检查纠错，学生改正错误。微评价：☆☆☆☆☆

3. 请查阅教材和观看视频，结合对自动变速器检查过程的认识，在图 3-2-1 中用铅笔认真写出路试检查的原则。

图 3-2-1　路试检查原则

微组织 4：老师检查纠错，学生改正错误。微评价：☆☆☆☆☆

4. 请根据工作计划实施自动变速器的检查，总结检查工作过程中存在的问题，并对产生原因进行简要分析，用铅笔认真写在图 3-2-2 中。

图 3-2-2　检查自动变速器实施问题分析

微组织 5：老师检查纠错，学生改正错误。微评价：☆☆☆☆☆

流程三　检查动力性能

1. 请观看老师检查动力性能的情景演练，结合老师讲解、查阅教材及观看相关视频，并将情景演练中的作业过程写到动力性能检查工作计划表中，见表 3-2-4。

表 3-2-4　动力性能检查工作计划表

序号	内容	备注
1		
2		
3		
4		
5		
6		

微组织 6：老师检查纠错，学生改正错误。微评价：☆☆☆☆☆

2. 请两人一组模仿老师的情景演练，并将检查结果填写在路试检查项目作业表中，见表 3-2-3。

微组织 7：老师检查纠错，学生改正错误。微评价：☆☆☆☆☆

3. 请根据工作计划实施动力性能的检查，总结检查工作过程中存在的问题，并对产生原因进行简要分析，用铅笔认真写在图 3-2-3 中。

图 3-2-3　检查动力性能实施问题分析

微组织 8：老师检查纠错，学生改正错误。微评价：☆☆☆☆☆

流程四　检查制动性能

1. 请观看老师检查制动性能的情景演练，结合老师讲解、查阅教材及观看相关视频，并将情景演练中的作业过程写到制动性能检查工作计划表中，见表 3-2-5。

表 3-2-5　制动性能检查工作计划表

序号	内容	备注
1		
2		
3		
4		
5		
6		
7		

微组织 9：老师检查纠错，学生改正错误。微评价：☆☆☆☆☆

2. 请两人一组模仿老师的情景演练，并将检查结果填写在路试检查项目作业表中，见表 3-2-3。

微组织 10：老师检查纠错，学生改正错误。微评价：☆☆☆☆☆

3. 请根据工作计划实施制动性能的检查，总结检查工作过程中存在的问题，并对产生原因进行简要分析，用铅笔认真写在图 3-2-4 中。

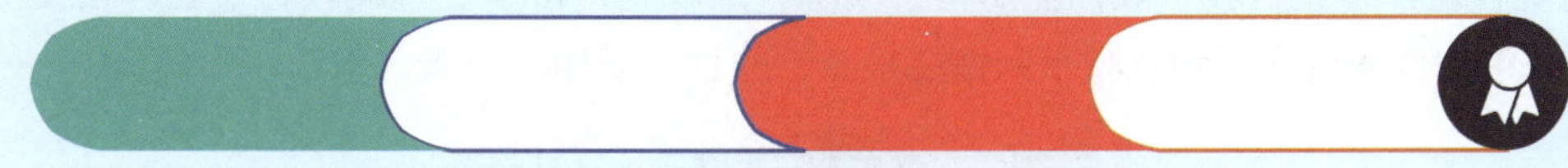

图 3-2-4　检查制动性能实施问题分析

微组织 11：老师检查纠错，学生改正错误。微评价：☆☆☆☆☆

流程五　检查转向性能

1. 请观看老师检查转向性能的情景演练，结合老师讲解、查阅教材及观看相关视频，并将情景演练中的作业过程写到转向性能检查工作计划表中，见表 3-2-6。

表 3-2-6　转向性能检查工作计划表

序号	内容	备注
1		
2		
3		
4		
5		
6		
7		
8		

微组织 12：老师检查纠错，学生改正错误。微评价：☆☆☆☆☆

2. 请两人一组模仿老师的情景演练，并将检查结果填写在路试检查项目作业表中，见表 3-2-3。

微组织 13：老师检查纠错，学生改正错误。微评价：☆☆☆☆☆

3. 请根据工作计划实施转向性能的检查，总结检查工作过程中存在的问题，并对产生原因进行简要分析，用铅笔认真写在图 3-2-5 中。

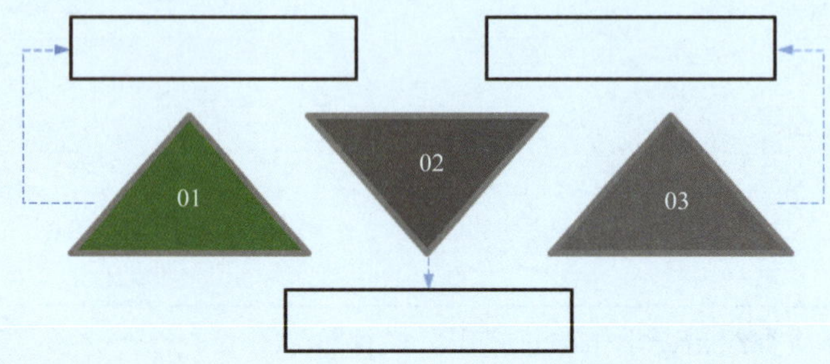

图 3-2-5　检查转向性能实施问题分析

微组织 14：老师检查纠错，学生改正错误。微评价：☆☆☆☆☆

流程六　检查行驶平顺性能

1. 请观看老师检查行驶平顺性能的情景演练，结合老师讲解、查阅教材及观看相关视频，并将情景演练中的作业过程写到行驶平顺性能检查工作计划表中，见表 3-2-7。

表 3-2-7　行驶平顺性能检查工作计划表

序号	内容	备注
1		
2		
3		
4		
5		
6		
7		
8		

微组织 15：老师检查纠错，学生改正错误。微评价：☆☆☆☆☆

2. 请两人一组模仿老师的情景演练，并将检查结果填写在路试检查项目作业表中，见表 3-2-3。

微组织 16：老师检查纠错，学生改正错误。微评价：☆☆☆☆☆

3. 请根据工作计划实施行驶平顺性能的检查，总结检查工作过程中存在的问题，并对产生原因进行简要分析，用铅笔认真写在图 3-2-6 中。

图 3-2-6　检查行驶平顺性能实施问题分析

微组织 17：老师检查纠错，学生改正错误。微评价：☆☆☆☆☆

流程七　检查风噪声

1. 请观看老师检查风噪声的情景演练，结合老师讲解、查阅教材及观看相关视频，并将情景演练中的作业过程写到风噪声检查工作计划表中，见表 3-2-8。

表 3-2-8　风噪声检查工作计划表

序号	内容	工量辅具
1		
2		
3		
4		
5		

微组织 18：老师检查纠错，学生改正错误。微评价：☆☆☆☆☆

2. 请两人一组模仿老师的情景演练，并将检查结果填写在路试检查项目作业表中，见表 3-2-3。

微组织 19：老师检查纠错，学生改正错误。微评价：☆☆☆☆☆

3. 请根据工作计划实施风噪声的检查，总结检查工作过程中存在的问题，并对产生原因进行简要分析，用铅笔认真写在图 3-2-7 中。

图 3-2-7　检查风噪声实施问题分析

微组织 20：老师检查纠错，学生改正错误。微评价：☆☆☆☆☆

流程八　填写路试检查项目作业表

1. 请观看老师填写路试检查项目作业表的情景演练，结合老师讲解、查阅教材及观看相关视频，并将情景演练中的作业过程写到路试检查项目作业表填写工作计划表中，见表 3-2-9。

表 3-2-9　路试检查项目作业表填写工作计划表

序号	内容	备注
1		
2		
3		
4		
5		

微组织 21：老师检查纠错，学生改正错误。微评价：☆☆☆☆☆

2. 请两人一组模仿老师的情景演练，并将检查结果填写在路试检查项目作业表中，见表 3-2-3。

微组织 22：老师检查纠错，学生改正错误。微评价：☆☆☆☆☆

3. 请根据工作计划实施路试检查项目作业表的填写，总结检查工作过程中存在的问题，并对产生原因进行简要分析，用铅笔认真写在图 3-2-8 中。

图 3-2-8　路试检查项目作业表填写实施问题分析

微组织 23：老师检查纠错，学生改正错误。微评价：☆☆☆☆☆

案例

在国外，一些靠近森林的高速公路上，经常会有麋鹿冲到马路上来，这时正在高速上行驶的汽车躲闪不及就会和麋鹿相撞。为了检验汽车及时躲避障碍的能力，在不踩刹车的情况下对障碍物进行闪避，测试时的速度要逐渐提升，最后记录下失控的速度，这个速度就是麋鹿测试的最终结果。麋鹿测试能够为车企提供精准的数据，然后车企会通过这些数据对汽车进行改进，从而提高汽车的稳定性。汽车稳定性提高之后，车主的安全就更加有保障了，所以麋鹿测试是一种非常有价值的汽车测试。

任务三　检查车辆路试后技术状况

流程一　工作准备

请说出工作准备项目与内容，对照表 3-3-1 核对检查，若已准备好，请用铅笔在相应项目内容后的方框里画上“√”；若有遗漏，请补充后画上“√”。

表 3-3-1　检查车辆路试后技术状况工作准备情况检查表

项目	内容
工作场地	鉴定评估作业场地 □
工作设施	2018 款红旗 H5 智联享动车型套筒扳手组合套具 □　手电筒 □　诊断仪 □　红外线测温仪 □
工作用品	二手车鉴定评估作业表 □　写字板　□抹布 □　签字笔□

微组织 1：老师检查纠错，学生改正错误。微评价：☆☆☆☆☆

流程二　检查各部件温度

1. 请观看老师检查各部件温度的情景演练，结合老师讲解、查阅教材及观看相关视频，并将情景演练中的作业过程写到各部件温度检查工作计划表中，见表 3-3-2。

表 3-3-2　各部件温度检查工作计划表

序号	内容	备注
1		
2		
3		
4		
5		
6		
7		
8		

微组织 2：老师检查纠错，学生改正错误。微评价：☆☆☆☆☆

2. 请两人一组模仿老师的情景演练，并将检查结果填写在各部件温度检查作业表中，见表 3-3-3。

表 3-3-3　各部件温度检查作业表

冷却液	
机油	
齿轮油	
轮毂	
其他有关部件	

微组织 3：老师检查纠错，学生改正错误。微评价：☆☆☆☆☆

3. 请根据工作计划实施各部件温度的检查，总结检查工作过程中存在的问题，并对产生原因进行简要分析，用铅笔认真写在图 3-3-1 中。

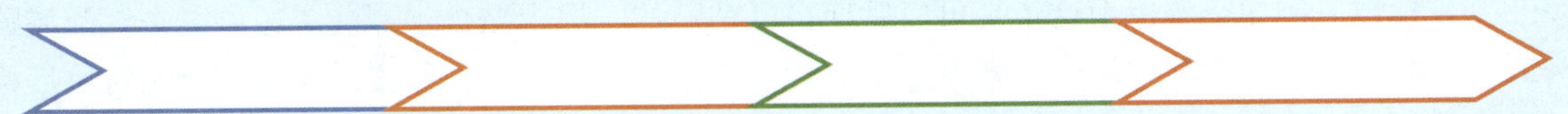

图 3-3-1　各部件温度检查实施问题分析

微组织 4：老师检查纠错，学生改正错误。微评价：☆☆☆☆☆

流程三　检查“四漏”

1. 请观看老师检查“四漏”的情景演练，结合老师讲解、查阅教材及观看相关视频，并将情景演练中的作业过程写到“四漏”检查工作计划表中，见表 3-3-4。

表 3-3-4　“四漏”检查工作计划表

序号	内容	备注
1		
2		
3		
4		
5		
6		
7		
8		

微组织 5：老师检查纠错，学生改正错误。微评价：☆☆☆☆☆

2. 请两人一组模仿老师的情景演练，并将检查结果填写在“四漏”检查作业表中，见表 3-3-5。

表 3-3-5　“四漏”检查作业表

漏水	
漏气	
漏电	
漏油	

微组织 6：老师检查纠错，学生改正错误。微评价：☆☆☆☆☆

3. 请根据工作计划实施“四漏”的检查，总结检查工作过程中存在的问题，并对产生原因进行简要分析，用铅笔认真写在图 3-3-2 中。

图 3-3-2　“四漏”检查实施问题分析

微组织 7：老师检查纠错，学生改正错误。微评价：☆☆☆☆☆

案例

零件标识，例如空调标识这个是可以后期自己粘贴的，标识贴也很好购买，可以去汽配城购买或者网购。这种后来粘贴的标识就要从以下几个方面检测：第一，位置，一般都会比对原厂标识，尽可能回复原位，但是想要百分之百吻合还是很困难的，所以检测时要仔细;第二，新旧程度，要是标识特别新，零件或是整车都比较旧，那就要重点检测该部位，结合其他方法和周围其他零件判断；第三，标识本身，像这种仿制的东西和原厂的肯定会有一些出入，留心观察你会发现原厂的字体与仿制品字体粗细有所不同，每个品牌的车也不太一样。

项目四　检测车辆主要技术性能

项目任务单

项目描述	完成 2018 款红旗 H5 智联享动车型车辆的主要技术性能检测
项目要求	符合国家二手车鉴定评估技术规范，完成 2018 款红旗 H5 智联享动车型车辆的主要技术性能检测。 （1）检测车辆主要技术性能； （2）评定车辆技术状况等级
学习目标	（1）准确地说出车辆动力性能评价指标、车辆制动性能评价指标、前照灯评价指标、汽车排放污染物评价指标及噪声评价指标； （2）准确地说评定车辆技术等级所需鉴定的技术状况； （3）正确地检查车辆动力性能、车辆制动性能、前照灯性能、汽车排放污染物及噪声； （4）正确计算评定车辆技术状况等级的分值； （5）正确判断车辆技术状况等级； （6）养成自觉遵守岗位职责和要求规定、规范行为、安全、环保、“5S” 作业、团结协作的好习惯； （7）树立坚守本心的职业操守
项目载体	鉴定评估师杨帆在动态技术鉴定结束后，将张先生的车辆开至仪器技术状况检测场地，车辆停稳熄火，鉴定评估助理高尚检查底盘测功机、气缸压力表、制动检测台、方向盘转角检测仪、侧滑检测台、四轮定位仪、车轮平衡仪、前照灯检测仪、废气分析仪均能正常工作后，将废气分析仪预热，完成仪器技术状况鉴定准备，告知杨帆可以进行车辆主要技术性能鉴定 
计划学时	8~12 学时

工作页	上课地点		学生姓名		完成 / 未完成
	任课教师		上课时间		优 / 良 / 中 / 及格

项目导入

一、读一读

私家车年检时间新规定（2022 年）

（一）6 年内免检

9 座及以下非营运小微型客车（面包车、事故车、非法改装车除外）6 年内免检，即 6 年内不用去检测站进行上线年检，只需要每两年申领一次检验合格标志，达到第 6 年才需上线检测。

（二）6～10年的车辆，每两年上线检测一次，但是安徽省2022年实行10年内小车免环保检测。

以往的规定是车辆从注册之日算起，达到 6 年不满 10 年的车辆，需要每两年去检测站进行上线检测，即第 6 年、第 8 年需要去检测站年检。但是根据安徽省最新规定，合肥、芜湖、亳州自 1 月 20 日起试运行，2 月 1 日起正式施行 9 座及以下非营运小微型客车（面包车、事故车、非法改装车除外）免环检政策，也就是说只需要在第 6 年、第 8 年进行安全检测即可，不用尾气检测。并于 2022 年 6 月 1 日前全省实行。

（三）10 ～ 15 年的车辆，每年上线检测一次。

10 ～ 15 年内的车辆还是和以往一样的规定，每年都需要上线检测，包括安检和环检。

（四）15 年以上的车辆，每半年上线检验一次。

请思考：通过以上内容的阅读，请查阅网络资料，说一说全国的车辆过户、车牌及落籍政策是否一致？

微组织 1 ：老师检查纠错，学生改正错误。微评价：☆☆☆☆☆

二、职业标准与岗位要求

请大声说出职业标准与岗位要求，同时进行自检和互检。若已完成，请用铅笔在方框内打“ √ ”。

☐ 遵纪守法，廉洁自律。

☐ 客观独立，公正科学。

☐ 诚实守信，规范服务。

☐ 客户至上，保守秘密。

☐ 团队合作，锐意进取。

☐ 操作规范，保证安全。

☐ 进入工作场地，工装穿着整洁，佩戴工牌。

☐ 进入工作场地后，严禁摆弄与本次工作无关的设备和工具，严禁嬉戏打闹。

微组织 2 ：老师检查纠错，学生改正错误。微评价：☆☆☆☆☆

项目实施

任务一　检测车辆主要技术性能

流程一　工作准备

请说出工作准备项目与内容，对照表 4-1-1 核对检查，若已准备好，请用铅笔在相应项目内容后的方框里画上“√”；若有遗漏，请补充后画上“√”。

表 4-1-1　检测车辆主要技术性能工作准备情况检查表

项目	内容
工作地点	二手车鉴定评估作业场地 □
工作设施	2018 款红旗 H5 智联享动车型碰撞事故车 □　底盘测功机 □　气缸压力表 □　制动检测台□ 前照灯检测仪 □　侧滑检测台 □　四轮定位仪 □　车轮平衡仪 □　废弃分析仪 □
工作用品	二手车鉴定评估作业表 □　写字板 □抹布 □　签字笔□

微组织 1：老师检查纠错，学生改正错误。微评价：☆☆☆☆☆

流程二　检测车辆动力性能

1. 请观看老师检测车辆动力性能的情景演练，结合老师讲解、查阅教材及观看相关视频，并将情景演练中的作业过程写到车辆动力性能检测工作计划表中，见表 4-1-2。

表 4-1-2　车辆动力性能检测工作计划表

序号	内容	备注
1		
2		
3		
4		
5		
6		
7		
8		
9		
10		

微组织 2：老师检查纠错，学生改正错误。微评价：☆☆☆☆☆

2. 请两人一组模仿老师的情景演练，并将检测结果打印出来。

微组织 3：老师检查纠错，学生改正错误。微评价：☆☆☆☆☆

3. 请根据工作计划实施车辆动力性能的检测，总结检测工作过程中存在的问题，并对产生原因进行简要分析，用铅笔认真写在图 4-1-1 中。

图 4-1-1　车辆动力性能检测实施问题分析

微组织 4：老师检查纠错，学生改正错误。微评价：☆☆☆☆☆

流程三　检测车辆制动性能

1. 请观看老师检测车辆制动性能的情景演练，结合老师讲解、查阅教材及观看相关视频，并将情景演练中的作业过程写到车辆制动性能检测工作计划表中，见表 4-1-3。

表 4-1-3　车辆制动性能检测工作计划表

序号	内容	备注
1		
2		
3		
4		
5		
6		
7		
8		
9		

微组织 5：老师检查纠错，学生改正错误。微评价：☆☆☆☆☆

2. 请两人一组模仿老师的情景演练，并将检测结果打印出来。

微组织 6：老师检查纠错，学生改正错误。微评价：☆☆☆☆☆

3. 请根据工作计划实施车辆制动性能的检测，总结检测工作过程中存在的问题，并对产生原因进行简要分析，用铅笔认真写在图 4-1-2 中。

图 4-1-2　车辆制动性能检测实施问题分析

微组织 7：老师检查纠错，学生改正错误。微评价：☆☆☆☆☆

流程四　检测车辆操纵稳定性能

1. 请观看老师检测车辆操纵稳定性能的情景演练，结合老师讲解、查阅教材及观看相关视频，并将情景演练中的作业过程写到车辆操纵稳定性能检测工作计划表中，见表 4-1-4。

表 4-1-4　车辆操纵稳定性能检测工作计划表

序号	内容	备注
1		
2		
3		
4		
5		
6		
7		
8		
9		
10		

微组织 8：老师检查纠错，学生改正错误。微评价：☆☆☆☆☆

2. 请两人一组模仿老师的情景演练，并将检测结果打印出来。

微组织 9：老师检查纠错，学生改正错误。微评价：☆☆☆☆☆

3. 请根据工作计划实施车辆操纵稳定性能的检测，总结检测工作过程中存在的问题，并对产生原因进行简要分析，用铅笔认真写在图 4-1-3 中。

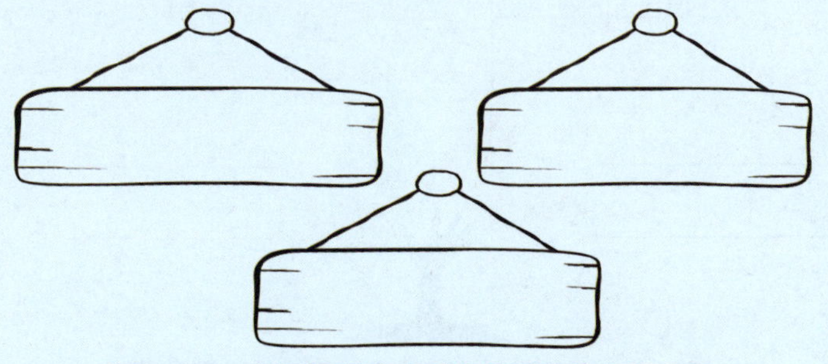

图 4-1-3　车辆操纵稳定性能检测实施问题分析

微组织 10：老师检查纠错，学生改正错误。微评价：☆☆☆☆☆

流程五　检测前照灯技术状况

1. 请观看老师检测前照灯技术状况的情景演练，结合老师讲解、查阅教材及观看相关视频，并将情景演练中的作业过程写到前照灯技术状况检测工作计划表中，见表 4-1-5。

表 4-1-5　前照灯技术状况检测工作计划表

序号	内容	备注
1		
2		
3		
4		
5		
6		
7		
8		
9		
10		

微组织 11：老师检查纠错，学生改正错误。微评价：☆☆☆☆☆

2. 请两人一组模仿老师的情景演练，并将检测结果打印出来。

微组织 12：老师检查纠错，学生改正错误。微评价：☆☆☆☆☆

3. 请根据工作计划实施前照灯技术状况的检测，总结检测工作过程中存在的问题，并对产生原因进行简要分析，用铅笔认真写在图 4-1-4 中。

图 4-1-4　前照灯技术状况检查实施问题分析

微组织 13：老师检查纠错，学生改正错误。微评价：☆☆☆☆☆

流程六　检测车辆排气污染物

1. 请观看老师检测车辆排气污染物的情景演练，结合老师讲解、查阅教材及观看相关视频，并将情景演练中的作业过程写到车辆排气污染物检测工作计划表中，见表 4-1-6。

表 4-1-6　车辆排气污染物检测工作计划表

序号	内容	备注
1		
2		
3		
4		
5		
6		
7		
8		
9		
10		

微组织 14：老师检查纠错，学生改正错误。微评价：☆☆☆☆☆

2. 请两人一组模仿老师的情景演练，并将检测结果打印出来。

微组织 15：老师检查纠错，学生改正错误。微评价：☆☆☆☆☆

3. 请根据工作计划实施车辆排气污染物的检测，总结检测工作过程中存在的问题，并对产生原因进行简要分析，用铅笔认真写在图 4-1-5 中。

图 4-1-5　车辆排气污染物检测实施问题分析

微组织 16：老师检查纠错，学生改正错误。微评价：☆☆☆☆☆

流程七　检测车辆噪声污染

1. 请观看老师检测车辆噪声污染的情景演练，结合老师讲解、查阅教材及观看相关视频，并将情景演练中的作业过程写到车辆噪声污染检测工作计划表中，见表 4-1-7。

表 4-1-7　车辆噪声污染检测工作计划表

问题	内容	备注
1		
2		
3		
4		
5		
6		
7		
8		
9		
10		

微组织 17：老师检查纠错，学生改正错误。微评价：☆☆☆☆☆

2. 请两人一组模仿老师的情景演练，并将测量数值填写在车辆噪声测量表中，见表 4-1-8。

表 4-1-8　车辆噪声测量

车辆定置噪声		
车辆车内噪声		

微组织 18：老师检查纠错，学生改正错误。微评价：☆☆☆☆☆

3. 请根据工作计划实施车辆噪声污染的检测，总结检测工作过程中存在的问题，并对产生原因进行简要分析，用铅笔认真写在图 4-1-6 中。

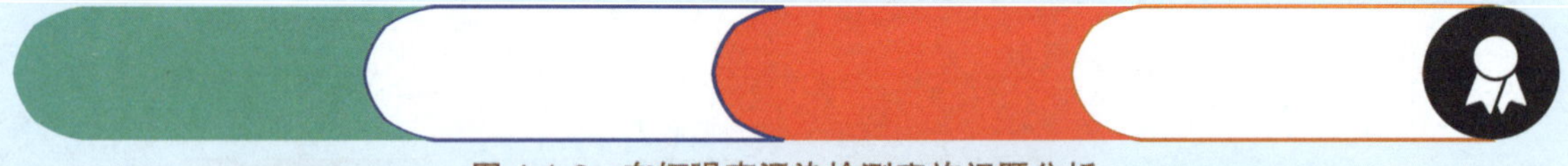

图 4-1-6　车辆噪声污染检测实施问题分析

微组织 19：老师检查纠错，学生改正错误。微评价：☆☆☆☆☆

案例

2021 年 1 月 1 号执行最新车辆年检标准，国家标准 GB 38900—2020《机动车安全技术检验项目和方法》，取消了多项检测内容，总体来说就是“3 增加 6 减少”，减少的内容包括电子手刹、灯光偏移、动力性、经济性、车速表误差、噪声检测。按照现在的检测方法，不但检测不准电子手刹，还可能给车辆带来电子故障，争议最大的动力性检测，发动机动力检测，也就是车辆上线，直接一脚加速发动转速就到 3 000 r/min，网上曾经就有因为动力检测，将发动机检测报废的报道，这次取消该项目是检车最大的变革。

任务二　评定车辆技术状况等级

流程一　工作准备

请说出工作准备项目与内容，对照表 4-2-1 核对检查，若已准备好，请用铅笔在相应项目内容后的方框里画上“√”；若有遗漏，请补充后画上“√”。

表 4-2-1　评定车辆技术状况等级工作准备情况检查表

项目	内容
工作地点	二手车鉴定评估办公区 □
工作设施	计算机 □　办公桌 □　打印机 □
工作用品	二手车鉴定评估作业表 □　二手车技术状况表 □　写字板 □　签字笔 □

微组织 1：老师检查纠错，学生改正错误。微评价：☆☆☆☆☆

流程二　填写二手车技术状况表

1. 请观看老师录入二手车技术状况表的情景演练，结合老师讲解、查阅教材及观看相关视频，并将情景演练中的作业过程写到二手车技术状况表录入工作计划表中，见表 4-2-2。

表 4-2-2　二手车技术状况表录入工作计划表

序号	内容	备注
1		
2		
3		
4		
5		
6		
7		
8		
9		
10		
11		
12		

微组织 2：老师检查纠错，学生改正错误。微评价：☆☆☆☆☆

2. 请两人一组模仿老师的情景演练，并将检查结果了录入在二手车技术状况表中，见表 4-2-3。

表 4-2-3　二手车技术状况表

车辆基本信息	厂牌型号			牌照号码	
	发动机号			VIN 码	
	初次登记日期	年　月　日		表征里程	万公里
	品牌名称		□国产　□进口	车身颜色	
	年检证明	□有（至_年_月）□无		购置税证书	□有　□无
	车船税证明	□有（至_年_月）□无		交强险	□有（至_年_月）□无
	使用性质	□营运用车　□出租车　□公务用车　□家庭用车　□其他			
	其他法定凭证、证明	□机动车号牌　□机动车行驶证　□机动车登记证书　□第三者强制保险单　□其他			
	车主名称 / 姓名			企业法人证书代码 / 身份证号码	
重要配置	燃料标号		排量		缸数	
	发动机功率		排放标准		变速器形式	
	气囊		驱动方式		ABS	□有　□无
	其他重要配置				
是否为事故车	□是　□否	损伤位置及损伤状况			
鉴定结果	分值		技术状况等级		
车辆技术状况鉴定缺陷描述	鉴定科目	鉴定结果（得分）	缺陷描述		
	车身检查				
	发动机检查				
	车内检查				
	启动检查				
	路试检查				
	底盘检查				

二手车鉴定评估师：＿＿＿＿＿＿＿＿　　鉴定单位：（盖章）＿＿＿＿＿＿＿＿

鉴定日期：＿＿＿年＿＿＿月＿＿＿日

声明：

本二手车技术状况表所体现的鉴定结果仅为鉴定日期当日被鉴定车辆的技术状况表现与描述，若在当日内被鉴定车辆的市场价值或因交通事故等原因导致车辆的价值发生变化，对车辆鉴定结果产生明显影响时，本技术状况鉴定说明书不作为参考依据。

说明：

本二手车技术状况表由二手车经销企业、拍卖企业、经纪企业使用，作为二手车交易合同的附件。车辆展卖期间，放置在驾驶室前风挡玻璃左下方，供消费者参阅。

微组织 3：老师检查纠错，学生改正错误。微评价：☆☆☆☆☆

3. 请根据工作计划实施二手车技术状况表的填写，总结检查工作过程中存在的问题，并对产生原因进行简要分析，用铅笔认真写在图 4-2-1 中。

图 4-2-1　填写二手车技术状况表实施问题分析

微组织 4：老师检查纠错，学生改正错误。微评价：☆☆☆☆☆

案例

二手车根据车况不同，经验上可以分为四个等级：准新车、精品车、中等车况、较差车况。准新车：公里数相当少或者上户时间一年左右的车，在车况等同于新车的基础之上，省去了车辆购置税、上牌费用及部分车价的车辆。精品车：无事故（无泡水、火烧等），整体车辆外观漆面刮蹭补漆不能超过 15%，也就是说，最多一两个面补漆，车辆除了保养记录正常外，平均年行驶不超过 1.5 万 km，车辆的内饰成色八成以上。中等车况：该种车辆在二手车市场大概占有 2/5，是大家平时买车中最常遇到的，它们的主要特征是全车框架无明显损伤，只是车体有过修复或者补漆痕迹。较差车况：车况较差一般都是事故车，它们的特征是全车结构件发生一处或者多处的变形类损伤，一般情况下是无法完全恢复车辆的原来性能和刚性，存在的安全隐患最多。

项目五　评估价值

项目任务单

项目描述	完成 2018 款红旗 H5 智联享动车型车辆的价值评估
项目要求	符合国家二手车鉴定评估技术规范，完成 2018 款红旗 H5 智联享动车型车辆的价值评估。 （1）确定成新率； （2）重置成本法评估车辆价值
学习目标	（1）准确地说确定成新率的方法； （2）准确地说出重置成本法评估步骤； （3）正确地选择成新率计算方法； （4）正确计算车辆成新率； （5）正确重置车辆成本； （6）正确评估车辆价值； （7）养成自觉遵守岗位职责和要求规定、规范行为、安全、环保、“5S” 作业、团结协作的好习惯； （8）树立守法、客观、公正的鉴定评估工作态度
项目载体	车辆完成整车技术状况鉴定作业，鉴定评估师助力高尚整理鉴定评估作业表内容，打开计算机，做好车辆评估价值准备。鉴定评估师杨帆，查看车辆红旗 H5 整体配置及型号，在网络中查询现今市场中同配置同型号的新车指导价格，以及实际销售价格。杨帆在网络查询价值后，又打电话至红旗 4S 店汽车销售经销商，咨询同配置红旗 H5 销售价格后，开始评估鉴定车辆价值 
计划学时	8~12 学时

工作页	上课地点		学生姓名		完成 / 未完成
	任课教师		上课时间		优 / 良 / 中 / 及格

项目导入

一、说一说

中国汽车流通协会联合精真估发布了 2021 年度中国汽车保值率报告，报告显示，丰田埃尔法及奔驰 G 级越野车 3 年保值率分别达到 117.76% 及 104.47%。相当于这两款车型在开了三年之后在二手车市场的价格仍高于新车指导价，保值程度堪称理财产品。说起保值率，日系车的表现处于绝对领先地位。在合资厂商保值率排名中，位列前四的汽车品牌均来自日系。一汽丰田以 80.35% 的三年保值率居首，也是唯一突破 80% 的合资车品牌。其旗下的 RAV4 荣放和威驰等车型，均有着不错的保值率表现。东风本田以 79.75% 的保值率位居合资品牌第二，旗下 CR-V、思域保值率均位于各自细分领域第一，其中，思域的三年保值率更是高达 79.75%。此外，广汽丰田和广汽本田分别以 79.43% 和 76.58% 的保值率位列第三、四位。

请思考：通过以上数据的阅读，说一说保值率对车辆价值评估的影响。

微组织 1：老师检查纠错，学生改正错误。微评价：☆☆☆☆☆

二、职业标准与岗位要求

请大声说出职业标准与岗位要求，同时进行自检和互检。若已完成，请用铅笔在方框内打“√”。

☐ 遵纪守法，廉洁自律。

☐ 客观独立，公正科学。

☐ 诚实守信，规范服务。

☐ 客户至上，保守秘密。

☐ 团队合作，锐意进取。

☐ 操作规范，保证安全。

☐ 进入工作场地，工装穿着整洁，佩戴工牌。

☐ 进入工作场地后，严禁摆弄与本次工作无关的设备和工具，严禁嬉戏打闹。

微组织 2：老师检查纠错，学生改正错误。微评价：☆☆☆☆☆

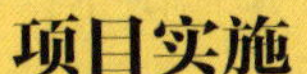

任务一 确定成新率

流程一 工作准备

请说出工作准备项目与内容，对照表 5-1-1 核对检查，若已准备好，请用铅笔在相应项目内容后的方框里画上“√”；若有遗漏，请补充后画上“√”。

表 5-1-1 确定成新率工作准备情况检查表

项目	内容
工作地点	二手车鉴定评估办公区 □
工作设施	计算机 □ 办公桌 □ 打印机 □
工作用品	二手车鉴定评估作业表 □ 二手车技术状况表 □ 作业方案 □ 计算器 □

微组织 1：老师检查纠错，学生改正错误。微评价：☆☆☆☆☆

流程二 确定成新率

1. 请观看老师确定成新率的情景演练，结合老师讲解、查阅教材及观看相关视频，并将情景演练中的作业过程写到确定成新率工作计划表中，见表 5-1-2。

表 5-1-2 确定成新率工作计划表

序号	内容	备注
1		
2		
3		
4		
5		

微组织 2：老师检查纠错，学生改正错误。微评价：☆☆☆☆☆

2. 请两人一组模仿老师的情景演练，并将确定成新率的计算过程写在下方的方框中。

微组织 3：老师检查纠错，学生改正错误。微评价：☆☆☆☆☆

3. 请根据工作计划实施确定成新率，总结检查工作过程中存在的问题，并对产生原因进行简要分析，用铅笔认真写在图 5-1-1 中。

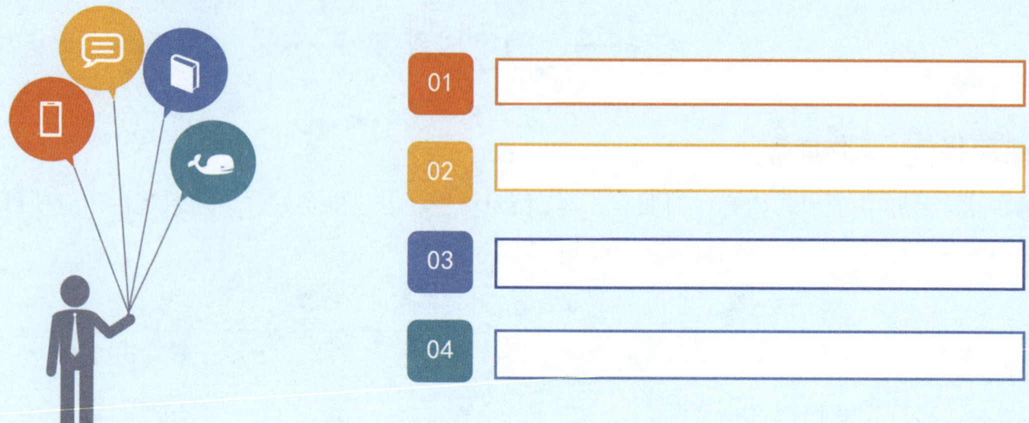

图 5-1-1　确定成新率实施问题分析

微组织 4：老师检查纠错，学生改正错误。微评价：☆☆☆☆☆

案例

准新车经验贬值法：由于准新车使用年限较短，并且折旧率较高，则准新车贬值率为第一年：15%～20%，第二年：6%～8%，第三年：6%～8%。一辆二手车在没有大改款的前提下，第一年折旧率为15%～20%，第二至五年，每年递减7%～9%之间。因此，可以根据车辆所属车系，以基本型现价为准，再扣除折旧后，即可大致确定二手车的行情价格。但是也需要具体车型具体分析，车系、品牌和车型在市场中的占有率也需要适当考虑，该计算方法只适用于车辆价值的初步估算。

任务二　重置成本法估算车辆价值

流程一　工作准备

请说出工作准备项目与内容，对照表 5-2-1 核对检查，若已准备好，请用铅笔在相应项目内容后的方框里画上“√”；若有遗漏，请补充后画上“√”。

表 5-2-1　重置成本法估算车辆价值工作准备情况检查表

项目	内容
工作地点	二手车鉴定评估办公区 □
工作设施	计算机 □　办公桌 □　打印机 □
工作用品	二手车鉴定评估作业表 □　二手车技术状况表 □　作业方案 □　计算器 □

微组织 1：老师检查纠错，学生改正错误。微评价：☆☆☆☆☆

流程二　重置车辆成本

1. 请观看老师采用重置成本法估算车辆价值的情景演练，结合老师讲解、查阅教材及观看相关视频，并将情景演练中的作业过程写到重置成本法估算车辆价值工作计划表中，见表 5-2-2。

表 5-2-2　重置成本法估算车辆价值工作计划表

序号	内容	备注
1		
2		
3		
4		
5		

微组织 2：老师检查纠错，学生改正错误。微评价：☆☆☆☆☆

2. 请两人一组模仿老师的情景演练，并将重置成本估算车辆价值的计算过程写在下面的方框中。

微组织 3：老师检查纠错，学生改正错误。微评价：☆☆☆☆☆

3. 请根据工作计划实施重置成本法估算车辆价值，总结检查工作过程中存在的问题，并对产生原因进行简要分析，用铅笔认真写在图 5-2-1 中。

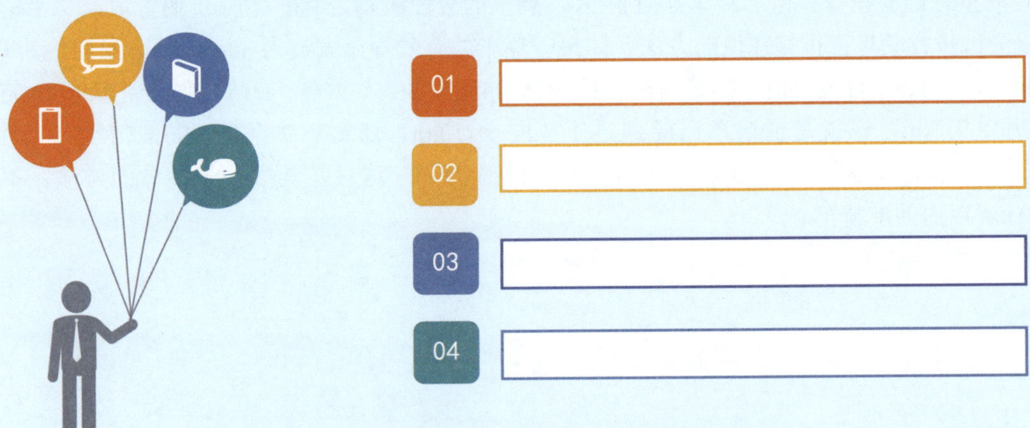

图 5-2-1　重置成本法估算车辆价值实施问题分析

微组织 4：老师检查纠错，学生改正错误。微评价：☆☆☆☆☆

案例

行驶里程经验折算残值：新车购置价 ×（剩下的分段级别之和）/15= 市场价值。二手车估价还可以尝试按行驶里程折算残值的方法。如果一辆车的有效寿命大致为 30 万 km，我们将其分为 5 段，每段 6 万 km，每段价值分别是新车价的 5/15、4/15、3/15、2/15、1/15。假设新车价 20 万元，已行驶 18 万 km，也就是说该车已经跑过了 3 段 6 万 km，还剩下 2 个 6 万 km（2/15 和 1/15），那么该二手车的价格大概是 20 万元 ×（2+1）/15=4 万元。这只是其中一个参考的方法，不适合 20 000 km 以内的准新车。

项目六　撰写鉴定评估报告

项目任务单

项目描述	完成 2018 款红旗 H5 智联享动车型车辆鉴定评估报告的撰写
项目要求	符合国家二手车鉴定评估技术规范，完成 2018 款红旗 H5 智联享动车型车辆鉴定评估报告的撰写。 （1）撰写鉴定评估报告； （2）完备鉴定评估报告
学习目标	（1）准确地说出二手车鉴定评估报告的释义和作用； （2）准确地说车二手车鉴定评估报告的撰写内容； （3）清晰地拍摄车辆外部照片； （4）清晰地拍摄车辆细节照片； （5）规范地完备车辆评估报告； （6）养成自觉遵守岗位职责和要求规定、规范行为、安全、环保、“5S” 作业、团结协作的好习惯； （7）树立清正廉洁的职业操守
项目载体	鉴定评估师杨帆在计算机中打开鉴定评估报告模板，根据二手车鉴定评估作业表内容撰写鉴定评估报告，指派鉴定评估助理高尚复印车辆证件，打印鉴定评估委托书及二手车鉴定评估作业表，联系车主张先生约定提交鉴定评估报告的时间 
计划学时	8~12 学时

<table>
<tr><td rowspan="2">工作页</td><td>上课地点</td><td></td><td>学生姓名</td><td></td><td>完成 / 未完成</td></tr>
<tr><td>任课教师</td><td></td><td>上课时间</td><td></td><td>优 / 良 / 中 / 及格</td></tr>
</table>

项目导入

一、读一读

2021 年 10 月 26 日，《中国二手车出口国别指南（2021）》（以下简称《指南》）正式发布，2019 年以来，商务部会同有关部门分两批支持 30 个地区开展二手车出口业务，持续优化监管和服务模式，加快释放二手车出口潜力。目前，二手车出口工作取得初步成效。截至 2021 年 9 月，我国二手车出口 1.4 万辆，金额突破 1 亿美元，销往全球 102 个国家和地区。为助力二手车出口企业开拓海外市场，商务部对外贸易司委托中国汽车技术研究中心有限公司、中华全国工商业联合会汽车经销商商会二手车出口专业委员会编写了《中国二手车出口国别指南（2021）》。《指南》从国内政策、市场、企业、产品、流程等维度总结梳理了当前我国二手车出口业务发展情况，重点分析了全球二手车出口市场情况及日本、韩国等发达国家二手车出口发展情况及管理经验，选择市场基础条件好、出口潜力大的 23 个国家进行深入研究，涵盖市场、政策、法规、税收、流程等相关信息。

请思考：我国制定《中国二手车出口国别指南（2021）》说明了二手车行业的哪些变化？请用铅笔认真地写在下面方格内。

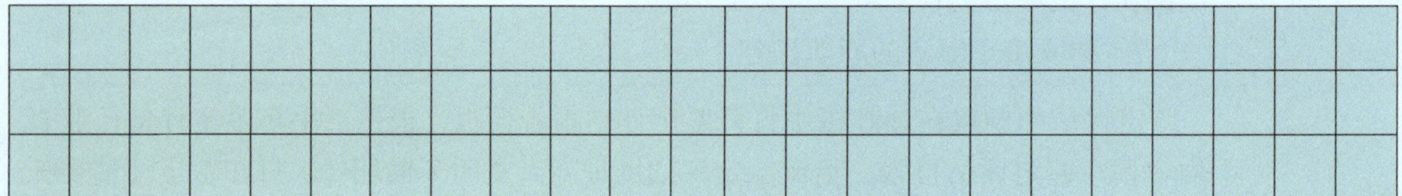

微组织 1：老师检查纠错，学生改正错误。微评价：☆☆☆☆☆

二、想一想

国家标准化委员会官方网站发布了 2013 年第 27 号公告，其中第 388 项是《二手车鉴定评估技术规范》标准号为 GB/T 30323—2013，请认真翻阅《二手车鉴定评估技术规范》，想一想该规范发布至今，二手车行业是否有改变，请将你看到的变化写在下面的方格内。

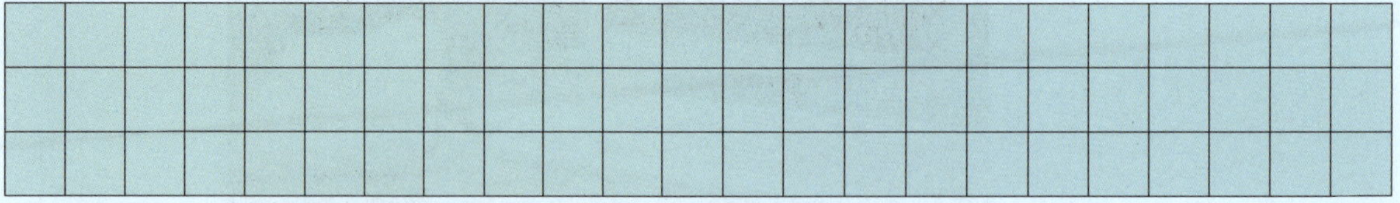

微组织 2：老师检查纠错，学生改正错误。微评价：☆☆☆☆☆

三、职业标准与岗位要求

请大声说出职业标准与岗位要求，同时进行自检和互检。若已完成，请用铅笔在方框内打“√”。

☐ 遵纪守法，廉洁自律。

☐ 客观独立，公正科学。

□ 诚实守信，规范服务。

□ 客户至上，保守秘密。

□ 团队合作，锐意进取。

□ 操作规范，保证安全。

□ 进入工作场地，工装穿着整洁，佩戴工牌。

□ 进入工作场地后，严禁摆弄与本次工作无关的设备和工具，严禁嬉戏打闹。

微组织 3：老师检查纠错，学生改正错误。微评价：☆☆☆☆☆

项目实施

任务一　撰写鉴定评估报告

流程一　工作准备

请说出工作准备项目与内容，对照表 6-1-1 核对检查，若已准备好，请用铅笔在相应项目内容后的方框里画上“√”；若有遗漏，请补充后画上“√”。

表 6-1-1　撰写鉴定评估报告工作准备情况检查表

项目	内容
工作地点	二手车鉴定评估办公区 □
工作设施	计算机 □　办公桌 □　打印机 □
工作用品	二手车鉴定评估作业表 □　二手车技术状况表 □　作业方案 □　签字笔 □

微组织 1：老师检查纠错，学生改正错误。微评价：☆☆☆☆☆

流程二　撰写二手车鉴定评估报告

1. 请观看老师撰写二手车鉴定评估报告的情景演练，结合老师讲解、查阅教材及观看相关视频，并将情景演练中的作业过程写到撰写二手车鉴定评估报告工作计划表中，见表 6-1-2。

表 6-1-2　撰写二手车鉴定评估报告工作计划表

序号	内容	备注
1		
2		
3		
4		
5		
6		
7		
8		
9		
10		

微组织 2：老师检查纠错，学生改正错误。微评价：☆☆☆☆☆

2. 请两人一组模仿老师的情景演练，并将车辆情况录入在二手车鉴定评估报告中，见图 6-1-1、图 6-1-2。

二手车鉴定评估报告（示范文本）

××××鉴定评估机构评报字（20　　年）第××号

一、绪言

________（鉴定评估机构）接受________的委托，根据国家有关评估及《二手车流通管理办法》和《二手车鉴定评估技术规范》的规定，本着客观、独立、公正、科学的原则，按照公认的评估方法，对牌号为______的车辆进行了鉴定。本机构鉴定评估人员按照必要的程序，对委托鉴定评估的车辆进行了实地查勘与市场调查，并对其在__年______月____日所表现的市场价值作出了公允反映。现将该车辆鉴定评估结果报告如下：

二、委托方信息

委托方：______________________ 委托方联系人：______________________

联系电话：______________________ 车主姓名/名称：（填写机动车登记证书所示的名称）

三、鉴定评估基准日 ____________年________月________日

四、鉴定评估车辆信息

厂牌型号：______________________ 牌照号码：______________________

发动机号：______________________ 车辆 VIN 码：______________________

车身颜色：__________ 表征里程：__________ 初次登记日期：______________

年审检验合格至：_______ 年______月 交强险截至日期：______ 年______月

车船税截至日期：______年______月

是否查封、抵押车辆：☐是 ☐否 车辆购置税（费）证： ☐有 ☐无

机动车登记证书： ☐有 ☐无 机动车行驶证： ☐有 ☐无

未接受处理的交通违法记录：☐有 ☐无

使用性质：☐公务用车 ☐家庭用车 ☐营运用车 ☐出租车 ☐其他：____________

五、技术鉴定结果

技术状况缺陷描述：____

____

重要配置及参数信息：____

技术状况鉴定等级：____________________ 等级描述：______________

六、价值评估

价值估算方法：☐现行市价法☐重置成本法☐其他______________________

价值估算结果：车辆鉴定评估价值为人民币_______元，金额大写：__________

七、特别事项说明[1]

八、鉴定评估报告法律效力

本鉴定评估结果可以作为作价参考依据。本项鉴定评估结论有效期为 90 天，自鉴定评估基准日至　　年　　月　　日止；

图 6-1-1　二手车鉴定评估报告（1）

九、声明

(1)本鉴定评估机构对该鉴定评估报告承担法律责任；

(2)本报告所提供的车辆评估价值为评估基准日的价值；

(3)该鉴定评估报告的使用权归委托方所有，其鉴定评估结论仅供委托方为本项目鉴定评估目的使用和送交二手车鉴定评估主管机关审查使用，不适用于其他目的，否则本鉴定评估机构不承担相应法律责任；因使用本报告不当而产生的任何后果与签署本报告书的鉴定评估人员无关；

(4)本鉴定评估机构承诺，未经委托方许可，不将本报告的内容向他人提供或公开，否则本鉴定评估机构将承担相应法律责任。

附件：

一、二手车鉴定评估委托书

二、二手车技术状况鉴定作业表

三、车辆行驶证、机动车登记证书证复印件

四、被鉴定评估二手车照片（要求外观清晰，车辆牌照能够辨认）

二手车鉴定评估师（签字、盖章）　　　　复核人[2]（签字、盖章）

年　月　日　　　　（二手车鉴定评估机构盖章）

年　月　日

[1]特别事项是指在已确定鉴定评估结果的前提下，鉴定评估人员认为需要说明在鉴定过程中已发现可能影响鉴定评估结论，但非鉴定评估人员执业水平和能力所能鉴定评定估算的有关事项以及其他问题。

[2]复核人是指具有高级二手车鉴定评估师资格的人员

备注：1、本报告书和作业表一式三份，委托方二份，受托方一份；

2、鉴定评估基准日即为《二手车鉴定评估委托书》签订的日期。

图 6-1-2　二手车鉴定评估报告（2）

微组织 3：老师检查纠错，学生改正错误。微评价：☆☆☆☆☆

3．请查阅教材和观看视频，结合实施过程对撰写鉴定评估报告的认识，在图 6-1-3 中用铅笔认真写出二手车鉴定评估报告内容要求。

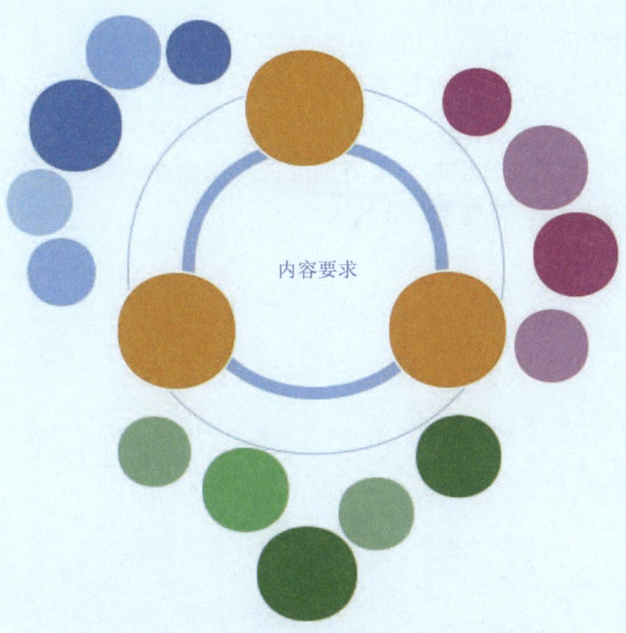

图 6-1-3　二手车鉴定评估报告内容要求

微组织 4：老师检查纠错，学生改正错误。微评价：☆☆☆☆☆

4. 请根据工作计划实施撰写鉴定评估报告，总结检查工作过程中存在的问题，并对产生原因进行简要分析，用铅笔认真写在图 6-1-4 中。

图 6-1-4　撰写二手车鉴定评估报告实施问题分析

微组织 5：老师检查纠错，学生改正错误。微评价：☆☆☆☆☆

案例

采集同款车型报价取平均值减利润：

经验上，同款车市场价平均值 -（10% ～ 15% 利润）= 市场价值。如果还是拿不准，可以在权威的二手车网站上根据车辆的年限和配置情况，参考其他车辆的报价来估算。这个可以称之为采集法。采集法即搜集二手车市场同年同款的车型，取其价格的平均值，再减去 10% ～ 15% 的利润价格。但在参考二手车网站的价格时，需要选取该车出售地，同样车系、品牌和车型在不同的区域价格受车辆占有率的影响，可能差距会较大。

任务二　完备鉴定评估报告

流程一　工作准备

请说出工作准备项目与内容，对照表 6-2-1 核对检查，若已准备好，请用铅笔在相应项目内容后的方框里画上“√”；若有遗漏，请补充后画上“√”。

表 6-2-1　完备鉴定评估报告工作准备情况检查表

项目	内容
工作地点	二手车鉴定评估办公区 □
工作设施	计算机 □　办公桌 □　照相机 □ 打印机 ··
工作用品	二手车鉴定评估作业表 □　二手车鉴定评估委托书 □　机动车证件 □　签字笔 □

微组织 1：老师检查纠错，学生改正错误。微评价：☆☆☆☆☆

流程二　车辆拍照

1. 请观看老师车辆拍照的情景演练，结合老师讲解、查阅教材及观看相关视频，并将情景演练中的作业过程写到车辆拍照工作计划表中，见表 6-2-2。

表 6-2-2　车辆拍照工作计划表

序号	内容	备注
1		
2		
3		
4		
5		
6		
7		
8		
9		
10		
11		
12		
13		
14		
15		

微组织 2：老师检查纠错，学生改正错误。微评价：☆☆☆☆☆

2. 请两人一组模仿老师的情景演练，并将车辆照片打印出来粘贴在下面的图框中。

微组织 3：老师检查纠错，学生改正错误。微评价：☆☆☆☆☆

3. 请在下面的方格中，用铅笔认真地写出评估报告附件要求。

微组织 4：老师检查纠错，学生改正错误。微评价：☆☆☆☆☆

4. 请根据工作计划实施车辆拍照，总结拍照工作过程中存在的问题，并对产生原因进行简要分析，用铅笔认真写在图 6-2-1 中。

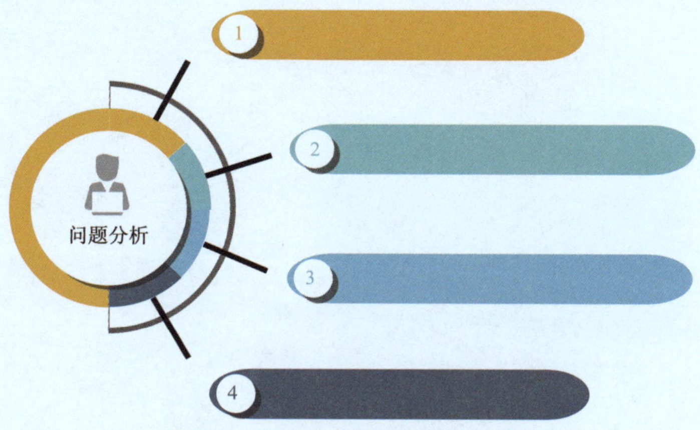

图 6-2-1　车辆拍照实施问题分析

微组织 5：老师检查纠错，学生改正错误。微评价：☆☆☆☆☆

案例

如果某辆车出过高于车辆自身价值或理赔金额大于6万以上的保险，那么这辆车有可能也是一辆重大事故车，有些车全车明明没有过大的损伤，但因自身驾驶原因无意间碰到了骑车的行人、年迈的老人造成人员伤亡，那么这辆车也判定为重大事故，在买保险时会有很大的妨碍，严重时，保险公司还会拒保。所以，在购买二手车之前大家可以对所购买的车辆进行保险查询，保证我们在购买后能正常使用。